RHYDDHAD?

Casgliad o straeon byrion

MARLIS JONES

ⓗ Gwasg Pantycelyn ©

ISBN 1-903314-13-5

Dymuna'r cyhoeddwyr gydnabod cymorth
Adrannau Cyngor Llyfrau Cymru.

Cyhoeddwyd ac argraffwyd gan Wasg Pantycelyn, Caernarfon

CYNNWYS

Diolch i Eleri Llywelyn Morris am olygu'r testun,
am ei llygaid craff a'i hir amynedd;
i Gyngor Llyfrau Cymru am nawdd, unwaith eto;
i Wasg Pantycelyn am gyflawni'r gamp ar fy rhan, fel arfer.

———————

Dychmygol yw'r holl gymeriadau
yn y straeon hyn.

'DACW ALARCH AR Y LLYN . . .'

'Mi fydda i'n iawn, Mam,' meddai Linda am y canfed tro. 'Peidiwch â phoeni.'

'Meddwl am . . .'

'Ia, dw i'n gw'bod mai meddwl amdana i ydach chi. A dw i'n gwerthfawrogi hynny, wir . . . Ond fydda i'n olreit.'

'Chdi ŵyr. Ond fasa'n well gen i . . .'

'Basa, dw i'n gw'bod. Ond dw i wedi pendrafynu.'

Ocheneidiodd Nan. Adwaenai ei merch yn ddigon da erbyn hyn i wybod nad oedd yn bosib gwneud iddi newid ei meddwl os oedd 'wedi pendrafynu'. Defnyddiai Linda rai o ddywediadau ei nain ar adegau, a thrwy'r cam-ddweud, lleddfai erwinder yr hyn na phlesiai ei mam.

'Ar y trên es i'r tro diwetha, ac roedd yn andros o flinedig . . . heb sôn am y gost . . . ac yn anghyfleus hefyd.'

'Chdi ŵyr. Ond da ti, cymer ofal!'

Caledodd llygaid Linda. 'Mi wna i, siŵr.' Wrth weld y gofid yn wyneb ei mam, meddalodd rhyw gymaint. 'Ylwch, fe ffonia i chi heno o Gaer, a nos fory o dŷ Donald a Morag, y munud wna i gyrraedd, oc e?'

'Pryd wyt ti'n meddwl y cyrrhaeddi di?'

'Byth, os na gychwyna i rŵan. Dydw i ddim yn meddwl y bydda i'n cychwyn yn gynnar bore fory . . . Ella a i i'r dre efo Llinos.' Celwydd oedd hynny. Bwriad Linda oedd cychwyn yn gynnar o Gaer, a gwneud ei ffordd i fyny'r M6 i'r Alban a chyrraedd yno yn gynnar yn y pnawn. Ond wrth iddi ddweud y celwydd bach wrth ei mam, ni fuasai honno'n poeni yn ormodol nes yr alwad ffôn i ddweud ei bod wedi cyrraedd yn ddiogel.

'Cofia fi at Llinos a Bob, a chymer . . . '

'Mi wna i,' torrodd Linda ar draws y "cymer ofal".

Gwyliodd Nan ei merch yn rhwymo'r gwregys diogelwch, a thanio'r injan. Yna safodd wrth lidiart yr ardd nes oedd y car bach gwyrdd wedi diflannu dros grwm y bont.

Clustfeiniodd i wrando ar ei sŵn yn pellhau. Trodd i'r tŷ yn araf, a chau'r drws yn dawel. Wrth fynd am y gegin i wneud paned o de, aeth heibio i'r teliffon. Dyma fyddai ei hunig gysylltiad â'i merch am yr wythnosau nesaf. Er agosed y teclyn, teimlai fod Linda yn bell, bell oddi wrthi.

'Rhaid i mi beidio poeni,' meddyliodd. 'Ond wedyn, alla i ddim peidio . . . Mi fydd yn iawn . . . yn bydd?' Disgynnodd pryder drosti fel clogyn tywyll, a rhedodd ias oer i lawr asgwrn ei chefn wrth iddi gofio fel roedd cloch y drws wedi ei deffro, a hithau'n cael y newyddion erchyll. Ond roedd dwy flynedd ers hynny. Dwy flynedd o ofid a thristwch. Gwelodd gynlluniau ei hunig ferch yn cael eu malu a'u distrywio. Gwelodd ei darpar fab yng nghyfraith yn colli'r frwydr am ei fywyd, a'i merch, hithau, yn crafangu o ymyl dibyn marwolaeth.

'Ych a fi! Mae'n gas gen i'r traffyrdd yna!' ebychodd. 'Ond mae Linda yn iawn, mae'n rhaid iddi gario 'mlaen â'i bywyd. Mae'n rhaid iddi wynebu'r dyfodol. Ond fasa'n well gen i iddi fynd ar y trên fel gwna'th hi'r tro d'wytha . . . Ond dw i'n gweld yr *argumentation*.' Gwenodd wrth sylweddoli ei bod hi ei hun yn defnyddio rhai o gam-ddywediadau ei mam.

.   .   .

Er bod Linda a Llinos wedi bod ar eu traed hyd berfeddion nos, cododd y ddwy yn blygeiniol, ac wedi paned o goffi cychwynnodd Linda ar ei thaith i'r Alban.

'Wyt ti'n siŵr y byddi . . .'

'Paid ti â dechra, Llin. Ges i ddigon o hynna gan Mam. Bydda fe fydda i'n iawn. Dydw i ddim yn bwriadu torri unrhyw record am yrru. Fe gaiff pawb fy mhasio i. Dw i'n cofio'r ffordd yn iawn. Unwaith fydda i heibio i Lancaster, mae'n bleserus. Fydd yna fawr o neb ar y ffordd rŵan, ychydig o loris efallai. Gân nhw fynd fel lecian nhw. Fe ffonia i chdi ar ôl i mi gyrraedd. Wyt ti isio i mi anfon hagis i ti, ynteu fasa'n well gen ti *bagpipes*?'

Gwyliodd Llinos ei ffrind yn cychwyn. 'Bydd hefo hi, O Dad,' sibrydodd. Yna aeth i'r gwely i aros am amser mwy gwareiddiedig i gychwyn ei diwrnod.

Gwyddai Linda ei bod wedi gwneud y penderfyniad iawn i yrru i'r Alban. Cynhesodd ei chalon wrth ragweld y croeso fyddai yn ei disgwyl.

'You'll still be our daughterrr,' oedd geiriau tad Iain ar ei fynych ymweliadau â hi yn yr ysbyty. Ac fel eu merch yr edrychai Donald a Morag ar Linda wedi iddynt ddod drwy'r brofedigaeth gyda'i gilydd.

"Iain's wee lassie," oedd hi iddynt ar y dechrau, ond wedi rhai misoedd o'i hadnabod, *"Our Lindy"* oedd hi.

Gwenodd Linda wrth edrych ymlaen at gael bod eto yng nghartref ei diweddar gariad. Yn ddiarwybod iddi ei hun, gwasgodd ei throed ar y sbardun a chyflymodd y car ychydig. O'i blaen, gwelodd fan goch; cip i'r drych, y ffordd yn glir o'i hôl, arwyddo, cyflymu, tynnu allan, cyflymu, pasio, drych, arwyddo, tynnu i mewn, ymlaen, ymlaen tua'r Alban. Cyflymodd ei chalon, a theimlodd ysgafnder yn ei bron. Gyrrodd yn hyderus gan basio ceir yn ddi-ofn. Oedd, roedd yn gwneud y peth iawn i ddod i'r Alban, er ei bod wedi cael cryn drafferth i berswadio ei mam mai dyna oedd y peth gorau i'w wneud.

'Mae gen i swydd yno. Maen nhw wedi cadw fy swydd i mi yr holl fisoedd 'ma. Alla i ddim eu gadael i lawr rŵan.'

'Ond fe fyddan nhw'n dallt. Maen nhw'n bownd o ddallt.' Gloywai llygaid Nan wrth feddwl am y brofedigaeth lem a brofodd ei merch. Bu bron i Linda â cholli'r dydd, ac wedi profi y braw a'r boen honno, roedd yn gas gan Nan feddwl am Linda eto mor bell oddi wrthi.

'Fyddan nhw ddim yn disgwyl i ti fynd yn ôl . . . Fyddan nhw'n deall mai adre yma efo fi wyt ti eisiau bod . . .'

'Mam!' torrodd Linda ar ei thraws. 'Ylwch, dw i'n deall sut ydach chi'n teimlo . . . Dydach chi ddim isio fi allan o'ch golwg rŵan, rhag ofn . . .'

'Does gen i neb ond chdi . . .'

'Hen stori, Miss Wilias!' ceisiodd Linda ddod â thipyn o ysgafnder i'r drafodaeth. 'Mae gennoch chi Anti Dilys ac Anti Gwen o fewn cam ceiliog i chi.'

'Ellith chwiorydd fyth gymryd lle merch. Pan fydd gen ti dy blant . . . ' Brathod Nan ei thafod. Dyna hi eto wedi rhoi ei throed ynddi. Fuasai gan Linda rŵan fyth mo'i phlant ei hun. Petai hi'n aros yma, adre hefo hi, efallai y buasai'n cyfarfod â . . . Ond doedd hi ddim yn mynd ddim ieuengach, ac roedd y dynion lleol i gyd yn briod. Eto efallai . . .

'Mam! Ma' hyn i gyd yn mynd yn *boring* a *repititititious*!' Ceisiai Linda ei gorau i egluro i'w mam ei bod yn dymuno anadlu'r awyr yr arferai Iain ei anadlu; gweld y golygfeydd a welodd, a bod gyda'i deulu. Drwy wneud hyn, gallai ei gadw mor fyw yn ei chof â phosib. Dyna'r unig ffordd fuasai hi'n gallu wynebu'r dyfodol.

Tynnodd oddi ar y draffordd i mewn i un o'r gwasanaethau i gael ychydig o orffwys.

Parciodd y car, a cherddodd o gwmpas am dipyn i ystwytho ei chyhyrau. Anadlodd yn ddwfn a chodi ei hwyneb i gynhesrwydd yr haul. Tu draw i len y coed, clywai fwmian di-dor y drafnidiaeth, ac o'r llain chwarae deuai sŵn lleisiau plant yn mwynhau eu hunain ar y siglenni a'r ffrâm ddringo. An-adlodd eto a chael arogl sglodion yn ffrio.

'Erbyn meddwl, dw i'n reit lwglyd,' meddai. ''Sdim rhyfedd!' ychwanegodd pan welodd yr amser.

Cariodd ei hambwrdd at fwrdd ger y ffenest, ac wrth fwyta gwyliai hwyaid parablus ac elyrch gosgeiddig yn nofio ar y llyn gerllaw. Rhoddodd dafell o fara ar y naill du i'w roi i'r adar yn nes ymlaen. Eisteddodd am hir yn synfyfyrio a gwylio'r bobl yn mynd a dod, pob un ar neges nas gwyddai neb arall mohoni.

Wedi darfod ei phryd, cerddodd at ymyl y llyn, a nofiodd yr hwyaid yn swnllyd, brysur i'w chyfarfod mewn gobaith fod ganddi damaid iddynt. Y tu ôl iddynt, llithrodd yr elyrch yn urddasol gan edrych i lawr eu trwynau ar eu cefndryd bach cyffredin, a thu ôl i'w rhieni ceisiai'r cywion llwydfrith eu gorau i'w hefelychu.

'Dyna chi,' meddyliodd Linda. 'Yn gofalu am eich cywion rŵan; ond gyda hyn, byddwch yn eu herlid i ffwrdd i chwilio am eu tiriogaeth eu hunain. Piti na fuasai Mam yn fwy tebyg i chi. Ceisio'i gorau i'm cadw i hefo hi mae hi wedi'i wneud . . . yn enwedig yn ystod yr wythnosau diwethaf 'ma. Mae'n hawdd deall, mae'n debyg. Bu raid iddi edrych ar f'ôl i fel edrych ar ôl babi; fy mwydo, molchi a gwisgo amdanaf. Ond dw i'n iawn rŵan, ac er mor ddiolchgar ydw i iddi, efo teulu Iain ydw i isio bod.'

Wrth iddi synfyfyrio a gwylio'r elyrch, cafodd syniad. Roedd wedi cael y syniad yma fisoedd yn ôl, ond wedi ei roi heibio. Rŵan, gan mor derfynol oedd ei phenderfyniad i fynd i'r Alban, gwyddai ei fod yn syniad da.

'Yr ateb perffaith! Pam andros na feddyliais i am hyn o'r blaen! Fues i'n ara' deg. Yn ddifeddwl! Yn dwp!' Cododd o'i sedd a brasgamu am y teliffon. 'Mi ffonia i Mam rŵan. Dw i'n siŵr y gwnaiff faddau i mi am beidio â meddwl am hyn cynt.'

Er iddi adael i'r gloch ganu am yn hir, nid oedd ateb.

'Dim ots, fydda i'n ffonio heno. Gawn ni drafod y peth 'radag hynny.'

Ailgychwynnodd ar ei thaith yn hapus. Teimlai'n hyderus a dedwydd. Byddai ei bywyd yn Yr Alban mor berffaith ag y gallai fod heb Iain. Byddai yn ei gynefin ef, ymysg ei deulu, yn troedio ei lwybrau, ac yn anadlu'r awyr a'i cynhaliodd. Ac yn awr, byddai ei syniad yn dwyn ffrwyth, syniad a ailafaelodd ynddi wrth wylio'r elyrch.

'Amgylchedd Iain, a Mam yno hefyd! Beth well allwn i ddisgwyl?'

Mwynhaodd y siwrnai a sylweddolodd ei bod, erbyn hyn, wedi llwyr orchfygu ei hofn o yrru. Cyrhaeddodd gartref Iain i'r croeso disgwyledig.

.   .   .

Wedi ffarwelio â Linda, trodd Nan i'r tŷ. Yr unig beth i'w wneud ar adeg fel hyn oedd gwneud paned o de, a cheisio dadansoddi ei theimladau a'u rhoi mewn trefn. Ar y naill law, teimlai'n drist fod Linda mor benderfynol o ddychwelyd i'r Alban, a hynny yn derfynol; ac ar y llaw arall, teimlai'n ddiolchgar ei bod wedi mendio yn llwyr, ar wahân i ychydig gloffni.

Tasa hi'n bodloni ar fynd yno am wyliau nawr ac yn y man . . . Ond dyna fo! Mae hi isio bod yng nghanol 'i betha fo, mae'n debyg . . . Ond does gen i mond y hi . . . heblaw am fy chwiorydd . . . a ma' ganddyn nhw 'u teuluoedd 'u hunain. Diolch byth 'i bod hi wedi dod yn iawn, gallasai fod . . .' Ond roedd meddwl beth allasai fod wedi'r ddamwain yn rhy ddychrynllyd i'w roi mewn geiriau.

Cariodd ei chwpanaid te i'r lolfa, a rhoddodd y teledu ymlaen i geisio boddi ei amheuon a'i phryderon. Pwysodd y botwm i newid o un sianel i'r llall, ond nid oedd dim byd yn hoelio ei sylw. Gadawodd rhyw gartŵn gwirion ymlaen a throdd y sŵn aflafar yn ddim.

Estynnodd fap i geisio dilyn taith Linda gan ddyfalu yn union p'le roedd ar y foment.

'Fydd hi efo Llinos heno, mae wedi bod yno fwy nag unwaith ers . . . Fydd hi'n iawn heno. Fory fydd y gwaethaf.' Dilynodd ei bys ar hyd y linell las, ond pan ddaeth i'r llecyn dychrynllyd hwnnw na allai fyth ei anghofio, arswydodd, a rhoddodd y map i'w gadw.

'Ddilyna i 'i thaith hi fory,' meddyliodd. 'Fydd hi'n cychwyn o Gaer tua deg, dw i'n siŵr. Felly byddai'n arfer ei wneud. Ond roedd hynny mor bell yn ôl . . . Mor hynod o bell yn ôl.'

Dychmygodd eto ddigwyddiadau'r penwythnos dychrynllyd hwnnw: hi'n aros am Linda ac Iain, yn pendwmpian wrth y tân, a'r plismon yn dod at y drws . . . yna'r galar pan fu farw Iain a'r pryder wrth i Linda frwydro . . .

'Roedd hi fel babi,' meddyliodd. 'Allai hi ddim bwyta, na gwisgo heb help. Ydy, mae wedi dod o le pell iawn . . . fe ddyliwn i fod yn ddiolchgar . . .'

Edrychodd ar y lluniau di-sŵn ar y sgrîn o'i blaen. Darfyddodd y cartŵn heb iddi ddeall. Rhyw raglen natur oedd ymlaen yn awr. Gwyliodd Nan elyrch gosgeiddig yn nofio ar lyn tawel. Pwysodd y botwm i glywed miwsig hudolus soddgrwth, yna newidiodd yr awyrgylch. Peidiodd y gerddoriaeth. Cododd yr alarch ei adenydd yn fygythiol, a chychwyn erlid alarch arall yn greulon. Daeth llais y cyflwynydd i egluro bod y rhiant yn erlid ei chywion ymaith er mwyn iddynt ddod o hyd i'w tiriogaeth eu hunain.

'Chi sy'n iawn, rai bach,' meddyliodd Nan. 'Fe ddyliwn inna wneud yr un fath â chi a sylweddoli bod yn rhaid i mi adael i Linda ffeindio ei bywyd ei hun. Mae'n naturiol, debyg, ei bod eisiau bod gyda phetha Iain. Mi driodd unwaith fy mherswadio i i fynd hefo hi yno, ond anghofiodd am hynny, diolch byth! Yma dw i isio bod, efo fy nheulu a 'mhetha fy hun. Yn naturiol mi fydda i'n falch o'i chael adref am wyliau unrhyw amser . . . ac mae'r teliffon mor gyfleus. Does unlle yn bell heddiw. Rŵan, gan ei bod hi'n iawn ac wedi setlo ei dyfodol, mi ga inna ddechra byw fy mywyd fy hun. Reit! Fory, mi a i efo Dilys a Gwen am ddiwrnod o siopa fel roeddan nhw isio. Fe fydda i'n ôl cyn i Linda gyrraedd Yr Alban a'm ffônio.

YN ÔL I LANSANT

Ar y map, ymddangosai'r ffordd gul dros y mynydd yn llwybr tarw i'r pentref, ond gwyddwn yn iawn y cymerai fwy o amser i mi deithio y ffordd honno na mynd ar hyd y ffordd dyrpeg. Roeddwn i eisiau edrych i lawr ar Lansant i'm hatgoffa fy hun o'r hyn oedd yno ugain mlynedd yn ôl. Doeddwn i ddim ar frys i gyrraedd. Doedd neb yn fy nisgwyl, neb yn aros yn eiddgar i mi gyrraedd. Doedd yno neb rŵan i ddod i fy nghwfwr ar hyd y ffordd gul droellog gyda'i rhiwiau serth.

Roedd yn werth yr ymdrech o yrru ar y ffordd gul er mwyn cael cyrraedd fy hoff lecyn ar gopa'r bryn. Gadewais y car ar ochr y ffordd a cherdded yn hamddenol at yr edrychfan a roddai i mi olygfa o'r pentref islaw. Uwch fy mhen, ymdroellai bwncath yn ddioglyd, a chlywn gri dolefus gylfinir yn rhywle allan o'm golwg. Rhywle yn y rhedyn roedd un o adar mân y mynydd yn trydar yn flin am fy mod wedi dod i darfu ar ei heddwch. Anadlais yn ddwfn i lanw fy ysgyfaint ag awyr iach y mynydd. Canolbwyntiais ar seiniau'r adar fel y gallwn eto eu dwyn i gof ynghyd â lliwiau melyn llachar yr eithin. Islaw yn y dyffryn ymddangosai tai ac adeiladau'r pentref fel teganau plant wedi eu lluchio yn flith draphlith i ganol drysfa o blanhigion, a thŵr enfawr eglwys y plwyf yn gwarchod y cyfan. Teimlwn yr haul yn gynnes ar fy nghefn a cherddais yn araf gan fwynhau o'r newydd olygfa a fu'n gyfarwydd iawn i mi flynyddoedd yn ôl. Drwy'r coed islaw, cefais gipolwg ar adeilad gwyn newydd, ac er mwyn ei weld yn well es ymlaen ymhellach, a sylweddolais fod stad newydd o dai wedi ei chodi ar un o gaeau fferm Tŷ'n Lôn.

Teimlwn ryw ddicter tuag at y pentrefwyr. Doedd neb wedi dweud wrthyf am y newid yma, doedd neb wedi gofyn fy marn, nac am fy nghaniatâd. Ofynnodd neb i mi arwyddo deiseb o blaid, nac yn erbyn y datblygiad. Ond pam ddylai neb ddweud wrthyf? Dyn dŵad oeddwn i, rhyw gwta bum mlynedd fûm i'n byw yno. Er na ches fy ngeni na'm magu o fewn ffiniau Llansant, teimlwn fod y lle yn rhan hanfodol o'm bywyd am mai yno y profais annibyniaeth am y tro cyntaf. Yno, yn ddeunaw oed, y cefais fy nghartref cyntaf i mi fy hun. Wedi plentyndod mewn cartref plant a hostel deuthum i Lansant i fy swydd gyntaf a rhentu bwthyn bach, oedd i mi yn balas godidog.

Ond fi oedd wedi dewis gadael Llansant, a doedd y pentref ddim am aros yn ei unfan wedi i mi fynd oddi yno. Roedd bywyd y pentre yn mynd rhagddo a syniadau newydd yn cael eu datblygu, a phobl newydd yn cymryd yr awenau i redeg y gymuned yn ôl eu syniadau a'u doethineb hwy. Does gan bobl fel fi, sydd ond megis yn galw heibio, ddim hawl i leisio barn a thrio cadw pentref mewn *limbo* er mwyn eu mympwy eu hunain. Ymhen amser, anghofir am ymwelwyr a thrigolion byr amser achlysurol.

Anghofiwyd amdanaf fi. Y Nadolig cyntaf wedi i mi adael oedd y gwaethaf. Dim cardiau Nadolig o gwbl, dim i'w hanfon, a dim i'w derbyn. Ond erbyn yr ail a'r trydydd Nadolig, fe wellodd pethau. Roeddwn yn dod i adnabod ychydig o bobl, a dechreuais anfon dau neu dri cherdyn, a derbyn un neu ddau fy hun. Roedd derbyn y cardiau yn rhoi ymddangosiad o sefydlogrwydd yn fy mywyd ac o'u cadw o flwyddyn i flwyddyn, daeth amser pan oedd gennyf gasgliad digon parchus a roddai wedd dderbyniol i fy ystafell fyw fel bod y cymdogion yn cael yr argraff fy mod yn aelod normal, parchus o gymdeithas. Er bod fy mywyd, ar yr wyneb, yn ymddangos yn normal a pharchus, allwn i ddim cadarnhau hynny drwy gyfeirio at fy ngwreiddiau. Llyncwyd yr eglurhad bod fy holl eiddo personol a chofebion o'm rhieni a'm plentyndod wedi eu llosgi mewn tân ddinistriodd fy nghartref. Doedd gen i ddim gorffennol i'w ddangos i neb, dim atgofion hapus i fy nghynnal drwy dywyllwch ansicrwydd. Estynnai dyfodol ansicr o fy mlaen, a dysgais fyw fy mywyd gan gymryd un dydd ar y tro. Daeth pob diwrnod yn ddiwrnod cyntaf gweddill fy oes.

O bryd i'w gilydd byddwn yn meddwl am Lansant, ond doedd gen i ddim hawl i gael gwybod am hynt a helynt y trigolion. Does dim lle yn y papurau newydd i ddweud am adeiladu ystadau tai mewn pentrefydd bychain yng nghefn gwlad Cymru, dim pan fo trychinebau yn y Trydydd Byd, a bywyd personol godinebus gwleidyddion yn hawlio sylw y werin bobl.

Yn fy absenoldeb roedd bywyd trigolion Llansant wedi mynd rhagddo. Datblygodd y pentref: mae'n debyg fod yr ysgol yn ffynnu, a'r dafarn yn parhau i fod yn ganolbwynt bywyd cymdeithasol y bobl ifainc, tra ymgynullai'r hynafgwyr a'u gwragedd parchus yn eu cymdeithasau trefnus yn Neuadd y Pentref. Tybed am faint y bu fy niflaniad annisgwyl yn destun trafodaeth? Beth a'm disodlodd i fel pwnc trafod? Nid oes amheuaeth nad oeddwn wedi bod yn ganolbwynt sawl sgwrs dros baned barchus o de, a'm gweithred wedi ei dadansoddi yn wybodus dros beint ewynnog yn y *Bull*. Dychmygwn y gwragedd hunangyfiawn yn pletio'u cegau mewn atgasedd, ac yn diolch nad oeddwn o fewn cyrraedd llid eu gwŷr neu'n fygythiad i'w plant.

Fy nymuniad i oedd mynd i'r pentref i weld drosof fy hun, i weld heb gael fy ngweld. Roeddwn eisiau cael bod yn un o'r criw sgwrslyd ym mar y *Bull* unwaith eto, eisiau clywed yr hanes diweddaraf, a rhoi fy marn bersonol ar newyddion y dydd dros beint o'r cwrw tywyll, oer nad oedd mo'i debyg i'w gael yn unlle arall. Roeddwn eisiau cerdded eto i fy mwthyn bach yn y gwyll a chlywed trydar cysglyd y gwenoliaid yn y bondo ac arogli gwair newydd mewn ysgubor. Nid anghofiwn fyth mo seiniau hwyrnos haf yn Llansant, y brain swnllyd yn dod i'w nythfa yng nghoed ynn talsyth Fferm Coed Mawr, a thrydar heidiau o ddrudwy yn hen berllan y Ficerdy.

Tybed feiddiwn i yrru i lawr stryd y pentref? Yn fwy na dim, roedd arnaf awydd bod yno, i deimlo yn rhan o fywyd y pentref, i ddarllen y cardiau melyn yn ffenest y siop a'u hysbysebion 'Ar Werth' neu 'Yn Eisiau'. Roeddwn eisiau arogli y sebon a'r coffi yn y siop a sefyll i aros fy nhro yn y swyddfa bost a gwrando ar y pensiynwyr yn trafod eu crud cymalau a phris uchel y glo wrth aros am eu pensiwn.

Eisteddais ar y fainc bren *(Er cof am D. C. Hewitt)* ac edrych ar fy sefyllfa. Oeddwn i wedi bod yn ddoeth i ddod yn ôl? Wedi'r cwbl, dim ond cwta bum mlynedd fues i'n byw yma, amser byr iawn o gofio bod y brodorion yno o hil gerdd, yn gallu olrhain eu hachau i Oes yr Arth a'r Blaidd. Yn fy nychymyg, teithiais drwy'r pentref. Yr eglwys oedd yr adeilad hynaf, mae'n debyg, ac yno y cychwynnodd fy nhaith. Heibio i res o dai gwynion a'r hen siop bwtsiwr; yna heibio i fynedfa fawreddog y plasty a faluriwyd yn chwilfriw gan yr unig fom Almaenig i lanio yn y cyffiniau yn ystod y rhyfel.

Drwy'r fynedfa yma arweiniai ffordd fwsoglyd at y murddun a thu ôl i hwnnw ymestynnai parc a fabwysiadwyd gan y gymuned fel tir hamdden. Roedd yn eironig fod y bobl gyffredin yn awr yn cael mwyniant o'r tir a gymerwyd o feddiant eu teidiau gan y crachach. I dir y plas y deuai trigolion Llansant i gerdded eu cŵn. Yma y treuliai'r plant eu dyddiau yn dringo'r

20

coed ac ailfyw anturiaethau arwyr eu hoff ffilmiau. Yn yr hwyrddydd, tro'r cariadon oedd dod i'r parc. Gadawyd y rhododendron a'r prysgwydd blodeuog i dyfu'n wyllt, a chreu encilion cyfrinachol lle deuai'r bobl ifainc yn llechwraidd i ddod i adnabod ei gilydd yn well.

Cyflymodd curiad fy nghalon wrth i mi gofio siffrwd brigau deiliog y coed. Daeth arogl trwm lleithder y pridd i fy ffroenau, a chlywn adlais o sŵn brigau'n torri dan fy nhraed. Clywn chwerthiniad y plant hynaf yn rhoi'r hergwd olaf i'r siglenni cyn eu gadael i gasglu rhwd o farrug y nos. Treiddiai gwres yr haul drwy fy nillad fel y gwnaeth y prynhawn tyngedfennol hwnnw. Sylweddolais fod y chwys yn cronni ar fy nhalcen a theimlwn fy ngwallt yn damp ar fy ngwar. Codais fy llaw i sychu'r lleithder oddi ar fy wyneb, ac yn ddiarwybod rhedais fy mysedd drwy fy ngwallt. Rhedodd ias i lawr asgwrn fy nghefn. Teimlwn fy nwylo yn chwarae yn fy ngwallt allan o fy rheolaeth.

Roeddwn yn ôl eto yng ngwâl y llwyni, â'r brigau yr unig dystion o angerddau'r iasau ysgytwol. Daeth cryndod affwysol drosof eto, fel y cryndod a fu, ond nid oerfel oedd yr achos, na nerfusrwydd. Doedden ni ddim yn oer y prynhawn hwnnw, na chwaith yn ofnus. Wedyn, ddyddiau yn ddiweddarach, yr ailgydiodd y cryndod ynof. Pan oeddwn wedi diddymu pob cysylltiad â Llansant y dechreuodd yr ofnau ymgasglu. Ond gwyddwn nad oedd gen i le i ofni. Drwy ryw nerth rhyfeddol roeddwn wedi dileu pob mymryn o dystiolaeth allasai bwyntio ataf. Gadael y car, fy nhrysor pennaf, oedd y peth caletaf i'w wneud.

Drwy adael y car, ac ychydig o ddillad yn ymyl creigiau ysgythrog yr arfordir, cynigiwn gyfeiriad i unrhyw un ddeuai i'm ceisio.

Does neb yn talu sylw i'r niferoedd digartref sy'n cysgu yn y gorsafoedd ac ar feinciau gerddi cyhoeddus y dinasoedd. Yno fyddai fy nhrigfan am yr wythnosau canlynol. Y noswaith honno, wedi iddi dywyllu digon, cerddais adref i'r bwthyn am y tro olaf. Gwyddwn yn union beth i'w wneud roeddwn wedi cynllunio mor ofalus, ac mor gyflym.

Welodd neb fi yn cerdded adref, fy nhraed yn fy nghario yn otomatig, a fy meddwl yn gweithio yn oeraidd drefnus fel pe na bai yn perthyn i mi. Fy nillad oedd yn cael blaenoriaeth. Byddai yn amhosib eu llosgi. Seliais hwy mewn bag bin, a'u rhoi yng nghist y car. Detholais fy nhrysorau pennaf a'u rhoi yn fy *holdall*. Bath sydyn, gwisgo, a chychwyn i ffwrdd. Gallwn godi arian o'r twll yn y wal, cawn ddigon i allu byw am rai dyddiau ac, efallai, yn nes ymlaen gallwn gael beic ail law. Byddai'n rhaid gadael fy waled a phopeth personol yn y car. Byddai'r rheiny, a'r bag cyhuddol yn y gist, yn dweud eu stori. Ni fyddai neb yn cael ei gyhuddo ar gam am fy ngweithred, a byddai fy 'nedfryd' yn deg. Roedd dechrau a diwedd y digwyddiad yno i'w darllen yn eglur.

Doedd dim sŵn yn tarfu ar dywyllwch y nos wrth i mi roi fy mag yn y car a gollwng y brêc i rowlio yn dawel i lawr y rhiw. Daliwn y drws gydag un llaw rhag i rywun ei glywed yn cau, ac ymddiriedais yn fy ngwybodaeth o'r ffordd a llewyrch y sêr i lywio'r car i lawr y rhiw. Oleuwyd mo'r un ffenest wrth i mi lithro'n dawel heibio i'r tai cysglyd. O'r diwedd gwyddwn fod y rhiw, cymaint ag oedd, yn gwastat'au, a rhaid oedd cychwyn yr injan a theithio yn gymhedrol a gofalus; buasai sŵn car yn rhuthro yn gyflym ganol nos drwy Lansant yn sicr o ddeffro'r cysgwr trymaf.

Dyddiau pryderus iawn oedd y rhai dilynol, ond tystiai pob un diwrnod a âi heibio i lwyddiant fy nghynllun. Llithrodd y dyddiau i wythnosau a aeth yn eu tro yn fisoedd ac, o un i un, aeth y blynyddoedd heibio. Llwyddodd fy nghynllun, ac o dipyn i beth ciliodd yr hunllefau atgofus. Newidiodd fy ngwedd, brithodd fy ngwallt yn gyflym ac edrychwn ddeng mlynedd yn hŷn.

Brwydrais drwy'r dyddiau anodd o greu personoliaeth newydd. Cyfarwyddais ag enw newydd yn weddol hawdd, ond roedd byw bywyd person gwahanol a gwisgo mantell parchusrwydd yn dasg galed. Ymlefnais drwy gwrs addysg oedolion, a chreu gyrfa newydd roddai i mi le derbyniol mewn cymdeithas normal.

I bob ymddangosiad roeddwn yn berson hollol wahanol i'r un adawodd Llansant yr holl flynyddoedd yn ôl. Eto gwyddwn yn fy nghalon mai'r un oeddwn. Yr un gwaed lifai drwy fy ngwyth-iennau, yr un ymennydd oedd yn fy mhenglog waeth pa mor wahanol oedd yr wyneb. Yr *id* a adawodd yn nhywyllwch y nos oedd yma rŵan yn teimlo cynhesrwydd yr haul. Efallai mai peth ffôl oedd dychwelyd i'r pentref, ond allwn i ddim peidio â dod yn ôl. Roedd yn rhaid i mi weld y lle eto, a theimlo ei awyrgylch. Roedd rhyw reddf, rhyw ysfa yn dweud mai dod yn ôl fyddai fy nghatharsis.

Mewn car moethus, gyda ffenestri tywyll, gallwn deithio drwy'r pentref a gweld heb gael fy ngweld. Fyddai neb yn fy adnabod wedi ugain mlynedd. A ph'run bynnag, doedd neb yn gwybod fy mod yn y cyffiniau. Wyddai neb i unrhyw sicrwydd beth yn union oedd wedi digwydd i mi. Mae ugain mlynedd yn amser hir. Mae pobl yn newid mewn ugain mlynedd. Datblyga babanod yn blant a phobl ifainc ac oedolion, a'r oedolion yn hynafgwyr. Gadewais i'r pentref yn berson ifanc; erbyn hyn roeddwn yn oedolyn. Allasai neb gysylltu dieithryn canol oed â'r llofrudd ddihangodd mor llechwraidd un min nos o haf.

Ymhen y rhawg, codais oddi ar y fainc a mynd i'r car. Taniodd yr injan, a llithrais yn araf dawel i lawr y rhiw, gan wylio'r olygfa yn newid wrth i mi ddisgyn i lawr y llethr. Fel y dynesw, atynt, gwelwn y tai yn tyfu o fod yn deganau plant i ddod yn dai dol, ac o'r diwedd yn rai o lawn faint. Cerddai dyrnaid o bobl i lawr y stryd, pob un ar ei berwyl ei hun. Ysgafn iawn oedd y drafnidiaeth yr amser yna o'r prynhawn, fawr mwy nag ydoedd fel y'i cofiwn brynhawniau o haf gynt.

Aeth y ffordd â mi heibio i'r bwthyn lle trigwn. Nid oedd yr un dim i ddangos fy mod wedi bod yno. Doeddwn i ddim yn disgwyl gweld plac ar y wal, ond rhyw deimlad rhyfedd oedd gweld y tŷ heb newid fawr ddim, ar wahân i estyniad o wydr ar y talcen.

Chymerodd neb y sylw lleiaf o gar diarth yn mynd i lawr y sryd. Doedd dim byd yn wahanol ynddc i'r cannoedd ceir âi drwodd mewn blwyddyn. Throdd neb i edrych, chododd neb fys.

Pam ddylai neb edrych ddwywaith? Ugain mlynedd yn ôl, gadewais Lansant yn ŵr ifanc, euog o dreisio a llofruddio merch ifanc o'r pentref. Yn awr, roeddwn yn berson newydd. Pwy welai unrhyw beth allan o'r cyffredin mewn gwraig ganol oed yn mynd drwy'r pentref?

Gadewais ffiniau'r pentref gan gyflymu'n raddol. Roeddwn wedi llwyddo! Prynodd fy aberth fy ngollyngdod. Gallaswn wynebu'r byd yn hollol hyderus. Roedd fy nghynllun wedi llwyddo, roeddwn wedi bod yn fedrus tu hwnt. Yn ffodus.

Ond, er mor ffodus, roeddwn yn unig. Yn echrydus o unig. Yr unigrwydd aruthrol yma oedd fy nghosb. Allasai yr un barnwr, yr un rheithgor fy nedfrydu yn llymach. Rhaid i mi ddioddef yr unigrwydd yma hyd ddiwedd fy oes.

AROS AM GWYNFOR

'Sigarét?'

Ysgydwais fy mhen heb ddweud dim, a rhoddodd yntau'r sigarennau yn ôl yn ei boced. Pwysodd ei freichiau ar y bwrdd o'i flaen ac edrychodd arna i'n ddifrifol.

'Mrs Williams . . .' dechreuodd, ond cyn iddo ddweud rhagor daeth cnoc ar y drws a daeth un o'i gydweithwyr i mewn.

'Fe fydd Mr Francis yma gyda hyn,' meddai heb gyfarch neb yn benodol.

Dw i'n gobeithio mai Gwynfor fydd o, fe fydd yn haws siarad efo fo nag efo Clem, ei dad. Siarad fydd raid i mi, alla i ddim osgoi hynny pan ddaw Gwynfor yma. Bydd yn rhaid i mi ddweud pob dim wrth Gwynfor, y manylion i gyd o'r dechrau. Efallai y dyliwn fod wedi dweud rhywbeth wrtho cyn hyn, neu ddweud wrth Ceri. Ond pethau bach oeddynt. Pethau bach dibwys ar eu pennau eu hunain, ond fel y gwelltyn ar gefn y camel . . .

'Siwgr?'

Roedd mygaid o de o'm blaen, ac un ohonyn nhw, merch y tro yma, yn cynnig siwgr i mi. Nodiais, a chododd y ferch lwyaid fawr o siwgr i'r mwg, a'i droi. Daeth y 'Diolch' yn otomatig, ond doedd ddim bwys gen i am y te.

'Ydi o'n iawn? Rhagor o siwgr?'

Doedd dim consýrn na chynhesrwydd yn llais y ferch. Gwnâi yr hyn yr oedd i fod i'w wneud yn hollol broffesiynol a diduedd.

Trio torri drwodd ataf oedd y ferch. Nid paned o groeso oedd o'm blaen. Nid paned o de i'm cynhesu na'm cysuro oedd ar y bwrdd. Rhyw erfyn i dorri'r distawrwydd a phasio'r amser oedd y mygaid. Rhywbeth i'w wneud i ladd amser nes i Gwynfor gyrraedd oedd rhoi paned o de i mi a chynnig sigarét.

Efallai y dyliwn i fod wedi cymryd sigarét. Fe fu amser pan oeddwn i'n cael mwynhad a phleser o sugno'r mwg a'i chwythu allan yn golofn gyrliog las. Efallai y buasai ffag yn llesol i mi rŵan, ond mae blynyddoedd ers i mi smocio. Er i Brian drio ei orau i'm cael i roi'r gorau iddi, Ceri wnaeth i mi stopio. Deuddeg oed oedd hi, ar ei hail flwyddyn yn ysgol y Dre, ac wedi cael ei dal yn smocio yn y toiledau. Y globan fach, wedi bod yn cymryd sigaréts o'r siop heb i Brian na fi ddeall. Roedd hynny yn brifo. Ceri wedi bod yn dwyn o'r siop! Ceri, fyddai yn cael unrhyw beth oedd arni'i eisiau wedi dechrau dwyn! Dwyn oddi ar ei rhieni, oedd yn meddwl y byd ohoni. Fe gosbodd Mr Evans hi yn drwm. Ei gwahardd o'r ysgol am weddill yr wythnos. Fe ddychrynodd hynny dipyn arni, ond roedd yn rhaid ei chosbi yn llym. Beth arall fuasai Mr Evans wedi gallu ei wneud? Chwip din faswn i wedi ei gael gan 'Nhad petawn i yn ei lle. A'r g'nawes yn dweud mai arna i oedd y bai!

'Chi sy'n rhoi siampl i mi! Petaech chi yn rhoi'r gorau iddi, fe dria inna sdopio hefyd.'

'Trio sdopio? Dwyt ti erioed wedi dechrau o ddifri?'

'Cymaint wyddoch chi! Tasa Dad a chi yn meddwl llai am y blydi siop, mi fasach yn gw'bod yn basach?'

'Blydi siop!' Dyna dd'wedodd hi. Rhegi 'i chartra, rhegi'n bywoliaeth ni, y fywoliaeth oedd yn rhoi iddi bob dim oedd hi'n dymuno'i gael. Roeddwn i'n meddwl 'i bod hi'n hapus efo ni yn y siop. Hyd yn oed pan oedd hi ond 'chydig o ddyddia' oed, roeddwn i'n gweithio yn y siop, a hithau yn y *carry cot* yno efo ni. Doedd hi ddim eiliad allan o'n golwg ni. Pan ddechreuodd hi gropian o gwmpas roedd y parlwr cefn fel maes chwarae iddi efo llidiard fach ar draws adwy'r drws i'w chadw'n ddiogel. Roeddan ni yn gallu cadw golwg arni a gweithio yn y siop, ac roedd pob un o'r cwsmeriaid yn gwneud ffŷs ohoni a hithau wrth ei bodd efo'r sylw. Buan iawn y dechreuodd fynd i'r ysgol, a'r parlwr bach yn stafell iddi chwarae ynddi. Tynnu lluniau oedd ei hoff weithgaredd. Tynnodd lun o Brian yn y siop pan oedd yn ifanc iawn, fawr mwy na saith, dw i'n siŵr. Fe anfonodd Brian y llun hwnnw at ei chwaer yn Awstralia. Roeddwn yn filain am hynny gan fod y llun mor eithriadol o fyw, a Brian yn ei ffedog mor naturiol. Lluniau o athrawon a phlant yr ysgol, lluniau o'r cwsmeriaid, o'i ffrindiau a'i pherthnasau. Lluniau o bawb, a phob un yn gampwaith, yn ddarlun o gymeriad hawdd ei adnabod.

Wn i ddim o ble cafodd hi y fath dalent. Ond rŵan mae ganddi ei bywoliaeth ei hun. Dim ond gobeithio bod pobl y Coleg yn iawn wrth ddweud bod ganddi ryw ddawn arbennig a bod ei dyfodol yn sicr, os ydy dyfodol neb yn sicr y dyddiau yma. Efallai y gwnaiff Gwynfor ei rhoi ar ben ffordd i gychwyn ei busnes ei hun.

Mae Gwynfor yn ein nabod ni erioed. Mae o wedi gweld Brian a finna'n adeiladu'r busnes o ddim i fod yn rhywbeth digon llewyrchus. Dechra o ddim, dim yw dim. Brian yn was bach yn siop *Lipton's*. Hen feic mawr clogyrnaidd gydag olwyn fach ar y blaen a basged fawr uwchben honno i gario negesi allan. Beic felly oedd ganddo ei hun yn ein siop fach gyntaf. Am wn i nad y feri beic hwnnw oedd o, wedi'i gael am y nesa' peth i ddim pan gaeodd *Lipton's*. Mynd â'r negesi, gan amlaf gyda'r nos wedi cau'r siop am na allen ni fforddio talu cyflog i was, dim hyd yn oed bachgen ysgol. Llwydd'som i fforddio fan o'r diwedd, wedyn gallwyd ehangu y busnes i werthu nwyddau i ddau westy ar gyrion pellaf y pentref a rhai o'r ffermydd. Dechra gyda stoc fach ac elw isel i adeiladu cwsmeriaeth ac wedyn ehangu yn araf deg. Araf ond sicr.

Dyddiau y *lock up* oedd y dyddiau gorau. Y ddau ohonom yn gweithio yn galed. Brian yn danfon y negesi allan tra oeddwn innau yn cymhennu'r silffoedd a gwneud cyfrifon y dydd a'r gwaith papur. Gweithio gyda'n gilydd, ymdrechu at yr un nod a'i gyrraedd, gosod nod mwy uchelgeisiol a chyrraedd hwnnw wedyn ac ymlaen. Prynu *Liverpool House*, a gweithio'n galetach wedyn, a magu Ceri. Hithau yn dod i'n helpu pan oedd hi'n ddim o beth. Mynd yn y fan i ddanfon negesi allan a gweithio yn ddi-stop. Cael llawer o hwyl er ein bod yn gweithio mor galed. Gweld y busnes yn ffynnu ac ehangu. Gwylio Ceri yn llwyddo yn yr ysgol, mwynhau cwmni'n gilydd a chwerthin am yr un pethau. Pethau bach gwirion, camenwi a chamgyfieithu rhai o'r nwyddau. Yr hen Jêms Wilias bob bore Llun yn dod i nôl tabledi *Bisodol* at ei gamdreuliad ac yn gofyn am 'biso dol'. Brian yn dechrau galw'r tabledi wedyn yn *Puppets' urine*. Pethau bychain nad oedd yn ddoniol i neb arall, ond oedd yn ysgafnhau baich ein gwaith . . .

Darfu'r sbort yna; er i mi o bryd i'w gilydd geisio adfer yr hen hwyl, doedd dim yn tycio. Dw i'n cofio unwaith pan oedd yn amser adnewyddu trwydded y car, fe atgoffais i Brian gan ofyn iddo a oedd wedi 'arwyddnodi ffurfafen y modur'.

Arthio arna i ddaru o. Dweud wrtha i am ddefnyddio'r geiriau cywir. Roedd yn fyr iawn ei dymer ers wythnosau. Mae'n bosib ei fod yn teimlo siom a briw am fod y Swyddfa Bost wedi diddymu'r llythyrdy oedd yn *Liverpool House* am fod y busnes wedi mynd i lawr. Fe deimlais golled ar ôl cyflog y Swyddfa Bost. Roedd hwnnw yn dod yn rheolaidd, yn ddibynadwy. A heblaw am y cyflog, roedd pobl yn prynu nwyddau yn y siop yn sgîl nôl eu pensiynau a'u stampiau a'u lwfans teulu.

Edrychais ar y cloc a hongiai ar fur noeth yr ystafell. Syllu ar y cloc heb weld yr amser. Doedd amser yn golygu dim rŵan.

'Fydd dim rhaid i chi aros yn hir iawn eto,' meddai'r ferch wrth sylwi ble roeddwn yn edrych. 'Dydy hi ddim yn hwyr.'

Na. Dydy hi ddim yn hwyr. Dw i wedi arfer gweithio yn hwyr. Roedd y siop yn agored yn hwyr ar un adeg. Weithis i oriau hir iawn yn y siop. Oriau hir a chaled. Roedd y siop yn agored yn hwyr, ac wedyn byddai rhai pobl yn dod i'r drws i ofyn am rywbeth neu'i gilydd. Ond roedd hynny cyn i'r archfarchnadoedd ddod i'r dref, a chyn i Mam ddod i fyw atom ni. Newidiodd pethau yn arw pan ddaeth hi. Dyna pryd ddaru ni ddechrau gweithio ar wahân.

'Gei di wneud y silffoedd ar ôl swper,' meddai Brian. 'Mae gen i bwyllgor.' Dyna fyddai byrdwn cân Brian byth a beunydd. Finnau yn fodlon i wneud y gwaith i gyd fy hun, ac wedyn gwneud y cyfrifon a'r gwaith papur cyn iddo ddod adref. Roedd yn rhaid tendio ar Mam hefyd, gan fod y strôc wedi ei gadael mor ddiymadferth. Oeddan, roedd y misoedd hynny yn rhai caled iawn.

Roeddwn i'n meddwl bod Brian yn fodlon fod Mam yn byw efo ni. Byddai'n mynd ati i siarad ar ôl cau'r siop tra oeddwn i'n paratoi swper. I ffwrdd â fo wedyn allan ar ryw neges neu i bwyllgor tra byddwn i yn clirio'r llestri, rhoi Mam yn ei gwely a gwneud y cyfrifon. Gwneud ei gwaith ysgol fyddai Ceri. Gwaith ysgol oedd yr esgus, ond dianc i'w byd ei hun fyddai hi mewn gwirionedd, i wrando ar ei recordiau a'i thapiau a thynnu lluniau. Wyddai hi ddim fy mod yn gwybod ple'r oedd yn cuddio rhai o'i lluniau: cartŵnau creulon ohona i gan amlaf, ac ambell un o Brian yn ddyn bach gyda phen mawr mewn pwyllgor neu yn eistedd wrth fwrdd wedi ei orlwytho gyda phob math o ddanteithion.

Anghofia i fyth mo'r bore Llun y bu Mam farw. Roedd wedi

dirywio yn arw yn ystod yr wythnos cynt, a'r penwythnos wedi bod yn galed iawn. Ceri yn bwrw'r Sul gyda ffrind. Brian, wrth gwrs, yn y Clwb Golff drwy'r dydd yn ôl ei arfer ar y Sul. Fi oedd yn gorfod ysgwyddo'r baich, ar fy mhen fy hun fel arfer.

Doedd neb yn y siop pan es yno. Eisteddai Brian yn y parlwr bach yn darllen y papur. Pan ddywedais wrtho fod Mam wedi ein gadael, ei ateb oedd,

'Elli di fod yn y siop drwy'r dydd rŵan, felly.'

Dim gair o gydymdeimlad, dim gair o gysur. Dweud ei feddwl yn syth a dangos mor hunanol oedd o. Y siop oedd y peth pwysicaf ganddo. Ac i feddwl fy mod i yn ei edmygu am hynny ar un adeg! Do, fe fu adeg pan oeddwn yn falch iawn o'i ymroddiad i'r busnes. Am y siop y meddyliai drwy'r amser. Sut i wella'r busnes; pa nwyddau eraill allen ni eu gwerthu; beth fyddai yn denu y cwsmeriaid yn ôl o'r archfarchnadoedd sut allen ni roi gwasanaeth gwell iddynt. Hyd yn oed pan fyddai ffrindiau yn galw i'n gweld byddai Brian yn siŵr o drafod y busnes waeth beth fyddai eu diddordeb hwy, ei fusnes ei hun oedd bwysicaf i Brian.

Ac yr oedd ganddon ni ffrindiau ers talwm. Rŵan doedd ganddon ni neb. Oeddan, roedd y cwsmeriaid yn ddigon clên; er cyn lleied oedd yn dod, roeddan nhw yn ddymunol, ond doeddan nhw ddim yn ffrindiau y gallwn droi atynt i ofyn am help llaw mewn argyfwng.

Roeddwn yn eu 'nabod yn weddol dda. Yn ddigon da i wybod beth fydden nhw eisiau pan ddeuent drwy'r drws. Mrs Parry eisiau hanner pwys o gig moch ar fore Mercher. Os deuai i mewn ar ddydd Mawrth, cig tun i'w roi ar frechdan Thomas oedd arnai'i eisiau, 'Y *joint* yn fach iawn Sul yma, hogan'. Fyddai gen innau mo'r wynab i ddweud wrthi mai arni hi oedd y bai yn prynu cig o'r archfarchnad yn hytrach na chan Wil Bwtsiwr. Roedd y siop bwtsiwr leol, fel ninnau, yn colli llawer o fusnes oherwydd y siopau mawrion.

Fe ges i sgwrs eitha hir efo'r ddynes newydd sy'n Awelfryn, ond ffrae ges i gan Brian.

'Fuost ti'n siarad efo honna am dros ddeng munud,' meddai yn gas.

'Roedd yn braf cael rhywun newydd . . .'

'Dros ddeng munud!'

'Ond doedd neb yn aros.'

'Waeth am hynny. Mae gen ti ddigon o waith i'w wneud. Fe allet ti fod yn glanhau y *fridge*. Mae 'na bot iogwrt wedi torri ac wedi colli dros y silffoedd.'

'A i i'w wneud o rŵan.'

'Gwna'n siŵr 'i fod o'n lân.'

Fe wyddwn yn iawn y buasai Brian yn archwilio'r oergell wedi i mi ei glanhau. Roedd yn gwneud hynny yn ddiweddar. Beth bynnag wnawn i, doedd dim posib ei blesio.

'Dwyt ti ddim wedi glanhau'r ffenest yn dda iawn. Mae 'na ddarn wedi ei adael ar hyd y top.'

'Allwn i ddim cyrraedd.'

'Defnyddia ystol. Dw i'n mynd i deliffonio. Ga'i 'i weld o wedi'i wneud wedyn.'

Felly y byddai o. Ar y ffôn am hydoedd. Rhyw fusnes neu'i gilydd efo'r Cyngor Sir, neu un arall o'i bwyllgorau diddiwedd. Fyddwn i byth yn amseru'i alwadau ffôn o, fel y gwnâi o fy rhai i. Anaml iawn y ffoniwn i neb. Pwy oedd gen i i'w ffonio p'run bynnag? Roedd hynny oedd gen i o ffrindiau ers talwm wedi hen fynd eu ffordd eu hunain; roeddwn wedi colli cysylltiad â nhw gan 'mod i mor brysur yn y siop. Weithiau byddai Lilian, fy annwyl ac unig gyfnither na fyddwn ond yn ei gweld mewn angladdau yn fy ffônio i ganmol fel byddai un o'r plant wedi llwyddo mewn rhyw arholiad miwsig neu'i gilydd. Hyd yn oed yr adegau hynny, byddai yn amseru'r galwadau.

'Fuost ti am chwarter awr ar y ffôn yna. Pwy oedd yna? Beth oedd hi isio?' Ac er mwyn gweld 'mod i'n dweud y gwir wrtho, byddai'n deialu 1471.

Roedd o'n checio bob dim. Hyd yn oed pan roeswn i newid yn y siop, roedd yn rhaid iddo weld a oedd y newid hwnnw yn iawn, a dweud yn neis, 'Jest rhag ofn, ynte, Mrs Hughes,' neu pan gawson doriad yn y cyflenwad trydan, a minnau'n gorfod cyfrif cyfanswm y negesi ar bapur, roedd o'n edrych dros f'ysgwydd, nid yn warchodol, ond yn fygythiol.

'Jest i 'neud yn siŵr nad oes camgymeriad, ynde?' Fel tasa neb arall yn gallu gwneud syms. Pwy fu'n gwneud y cyfrifon iddo o'r dechra un? Fi! Pwy fu'n gwneud y *forms VAT* a'r *forms Income Tax* ar hyd y blynyddoedd? Fi! Fi oedd yn gwneud hynna i gyd. Arbedis i filoedd o bunnoedd iddo dros y blynyddoedd. Roeddwn wedi dysgu llawer iawn yn fy swydd gyntaf gyda Jones a Parry y cyfrifyddion yn y dre. A heblaw am wneud y gwaith papur i gyd, fe rois i yr ychydig filoedd ges i ar ôl Yncl Moi i brynu siop Wil Crydd y drws nesaf. Fe wnaeth hynny *Liverpool House* yn siop reit fawr, gyda mwy o le i gadw'r llysiau a'r ffrwythau ar wahân, a Brian yn gwerthu yr holl i'r ddau westy . . .

Ust! Cyfarthiad trwm oedd mor debyg i gyfarthiad Sheba. Mae gen i hiraeth ar ôl Sheba. Dw i'n gwybod bod Brian yn fy meio i am farwolaeth y ci. Fi deimlodd y lwmp ar ei hochr, ond nid fy mai i oedd ei fod wedi codi. Fi aeth â Sheba at y fet, ond nid fy mai i oedd nad oedd dim gwella iddi. Nid fy mai i oedd fod y cancr wedi lledaenu i'r organau mor gyflym . . . mor ddieflig o gyflym.

Fe gawsom ni amser hapus ar un adeg . . . mynd am dro, mynd â Sheba allan i'r parc . . . taflu pêl iddi . . . cerdded am filltiroedd ar bnawn Sul 'i ti gael gwared o'r *podge*' ddwedai Brian. Roeddwn i'n gallu chwerthin am ben geiriau Brian yr adeg hynny. Roedd o'n gwneud hwyl am fy mlonag i, ac yn fy ngalw yn 'Nellie' gymaint nes i ddynes newydd Tŷ'n Ffridd feddwl mai dyna oedd fy enw iawn. Pan eglurodd Brian mai cyfeirio at 'Nellie'r Eliffant' oedd o, ei hymateb oedd,

'Ond dydych chi ddim yn dew iawn'. Lecies i mo'r pwyslais ar yr *iawn* dim.

Fe gollais i bob owns o fraster yn y misoedd y bu Mam acw. Er na allwn fynd i gerdded gyda Brian a Sheba oherwydd y gwaith diderfyn, roeddwn ar fynd drwy'r dydd a'r rhan fwyaf o'r nos hefyd. Roedd y strôc wedi gadael Mam yn gaeth i'w chadair, ac roedd hi'n hawlio cymaint o sylw. Y galw tragwyddol am rywbeth neu'i gilydd; eisiau paned, honno'n rhy boeth neu'n rhy oer, yn rhy gryf neu'n rhy wan. Doedd dim yn gwneud y tro iddi. Clustog y gadair yn rhy galed, neu ei chwrlid yn gam, rhywbeth fyth a thragwyddol. A'r nos wedyn yr un peth. Oeddwn, roeddwn yn trio gwneud fy ngorau iddi, yn trio rhoi cymaint o sylw ag y gallwn i heb anwybyddu gofynion y siop, Ceri a Brian yr un pryd.

Do, bu bron i bethau fynd yn drech na fi ar fwy nag un achlysur, ond rhywsut, rywfodd, fe allais gario ymlaen. Roeddwn wedi rhoi fy ngair i Mam na fuaswn byth yn ei hanfon i gartref. Ond fe gefais waredigaeth . Fe ges i gymorth i allu cario ymlaen. Roeddwn wedi blino'n rhacs ac yn glanhau'r silffoedd pan sylweddolais i fod yr holl boteli yno, o dan fy nhrwyn, yn cynnig cymorth.

Roedd gallu gwneud rhywbeth heb i Brian wybod yn rhoi gwefr arbennig i mi. Gyda Mam yn ddiogel yn ei gwely a Ceri erbyn hynny wedi hen adael y nyth ac yn prysur wneud enw iddi ei hun fel arlunydd yn un o ddinasoedd mwyaf Lloegr, doedd yna neb i weld fel roedd y poteli yn mynd o un i un. Llwyddais i guddio'r dystiolaeth mewn cypyrddau a droriau lle na fyddai Brian yn meddwl edrych. Erbyn hynny, roedd Brian a fi yn fwy ar wahân. Ar Mam oedd y bai am hynny hefyd. Os byddai hi eisiau rhywbeth yn y nos, ac roedd hynny yn aml iawn, canai gloch. Brian oedd wedi gwneud y gloch, fel bod Mam yn pwyso botwm yn ei hystafell a finnau yn cario'r gloch efo fi i bob man i mi allu ei chlywed. Rhag iddo gael ei ddeffro yn y nos, aeth Brian i gysgu i ystafell ar ei ben ei hun.

Y Clwb Golff a gwaith y Cyngor oedd ei fryd, a'r unig beth wnâi o yn y siop rŵan oedd gwylio fy mod i wedi gwneud popeth yn iawn. Doedd o'n ymddiried dim yno i.

Anaml iawn y deuai Ceri adref rŵan, a phan ddeuai roedd yn gweld popeth fel yr oeddan nhw cynt. Ei rhieni yn brysur yn y siop, a'r busnes yn mynd yn ei flaen. Doedd hi ddim yn sylwi mor weigion oedd y silffoedd na mor anaml y canai cloch y drws. Dydi hi ddim yn sylweddoli nad ydy fy enw i ar y llyfrau rŵan; yn enw Brian ei hun mae'r llyfr siec, mae wedi fy rhwystro rhag arwyddo sieciau rŵan. Mae wedi fy rhwystro rhag gwneud pob peth - hyd yn oed mynd i wylio adar.

Lilian, ar ei gwyliau yn y cyffiniau, ac yn fy ngwahodd i'w chyfarfod yn y Warchodfa. Minnau'n ddigon o ffŵl i ddweud wrth Brian. Mynd ddyliwn i. Mynd a dweud dim byd wrtho fo. Jest cau drws y siop a mynd. Ond fedrwn i ddim meddwl am wynebu'r holi wedyn.

'Beth?' meddai a rhythu arnaf fel petai gennyf gyrn yn tyfu o 'mhen. 'Gwylio adar?'

'Ia, yn y Warchodfa. Mae 'na lot o adar mudo yno rŵan.'

'Adar mudo, wir! Pwy sydd isio gweld adar mudo?'

'Gwraig dyn sy'n treulio'i amser ar y cae golff!'

Ddyliwn i ddim bod wedi dweud dim byd wrtho. Fe ges i bregeth wedyn ar ba mor bwysig oedd cyfarfod pobl ar y cwrs golff. Roedd yn fwy *civilized* i gyfarfod pobl y Pwyllgorau ac aelodau'r Cyngor Sir yn y Clwb Golff nag ym mharlwr cefn siop oedd yn methu cadw i fynd.

'Mae gen i waith i'w wneud,' medda fo'n swta, ac i'r siop â fo i weld a oeddwn i wedi sgubo'r llawr yn ddigon da. Gwelais o'n rhedeg ei fys ar hyd ymyl silff lle'r oeddwn i wedi bod yn glanhau bum munud yng nghynt.

'Ydi o'n ddigon glân gen ti?' harthiais.

'Jest gwneud yn siŵr,' medda fo fel pe bai o'n beth hollol naturiol i ddyn archwilio gwaith beunyddiol ei wraig. Symudodd at y llysiau, a rhedeg ei law yn ysgafn dros y tomatos. Hanner awr yng nghynt roeddwn i wedi bod yn dewis a dethol y rhai meddal i'w gwerthu yn rhatach. Symudodd wedyn at y bocs afalau.

Teimlais y dicter yn corddi ynof. Roeddwn wedi cael misoedd, blynyddoedd, o archwilio fel hyn. Clywn adlais o'r holi a fu.

Oeddwn i wedi gwneud hyn-a-hyn? Oeddwn i wedi ei wneud yn iawn? Oeddwn i'n siŵr? Fy nhrin i fel petawn yn blentyn anghyfrifol. Fi, ei wraig, fu'n gweithio ochr yn ochr â fo i sefydlu ac adeiladu'r busnes. Fi, roddodd y miloedd a gefais gan Yncl Moi iddo i ehangu'r busnes a phrynu car newydd a fan fwy i ddanfon y nwyddau a'r llysiau. Yr holl foron a thatws a bwysais i iddo. Pwyso sacheidiau ar y glorian yma. Y glorian fûm i'n gaboli neithiwr tra oedd o yn y Clwb Golff. Dyna fo rŵan yn rhedeg ei fys dros ymyl y glorian i weld os oedd yn lân. Mi roedd yn lân, a'r pwysau hefyd, oedd yn rhes daclus lle'r oeddwn wedi eu gosod. Gafaelodd yn y sach tatws a dechrau ei symud. Yno, yn y sach, roedd fy unig gysur. Doedd o ddim wedi cael hyd i'r un botel hyd yn hyn, ddim hyd yn oed y rhai oedd y tu ôl i'r hen lyfrau cyfrifon yn y seler, na'r rhai ym mhen draw y twll dan grisiau. Doeddwn i ddim am adael iddo weld hon chwaith. Fy nghyfrinach i oedd y poteli. Doedd ganddo fo ddim hawl i'w gweld nhw. Petai o yn deall beth oedd wedi bod yn fy nghadw i fynd ar hyd y misoedd diwethaf buasai yn rhoi terfyn arno. Doedd o ddim am gael y pleser o fy rhwystro.

35

Ffrwydrodd fy nghasineb. Y casineb roeddwn i wedi ei fygu a'i reoli ar hyd y blynyddoedd. Y dicter fûm i'n ei guddio oddi wrth Ceri. Hwn, y dyn yma â'i gefn ata i, oedd wedi cefnu arna i ers blynyddoedd. Hwn oedd wedi difetha fy annibyniaeth i. Hwn, yma o 'mlaen i, oedd achos fy unigrwydd. Fo oedd wedi peri i fy ffrindiau beidio â galw yma na ffonio. Er ei fwyn o oeddwn i wedi byw, ac er ei fwyn o oeddwn i wedi rhoi fy oes i'r siop. Ond chawn i ddim mynd i wylio adar.

Doedd y pwysau hanner cant ddim yn teimlo'n drwm. Tybed wnaiff Gwynfor ddeall? Fedar o ddadlau drosta i yn iawn?

WEDI'R MACHLUD, DAW'R WAWR

'Yffach olau! Dyna 'ti bisin!' Rhythodd Llŷr ar y ferch a eisteddai wrth y bwrdd cyfagos.

'S'mai, cariad,' meddai i'w chyfeiriad gyda chlamp o winc. Parhaodd y ferch i fwyta ei chinio heb gymryd unrhyw sylw ohono.

'Chlywodd hi monat ti,' meddai Elwyn.

'Naddo, gobeithio,' meddai Brian dan ei wynt, ond roedd Llŷr wedi ei glywed.

'Be w't ti'n feddwl, "Naddo, gobeithio"?' meddai'n her-feiddiol. 'Faswn i'm yn meindio ca'l honna rhyngtha i a'r fatras.'

'Gad iddi,' meddai Brian. Roedd o'n teimlo'n bur anghysurus gyda'i ddau gydymaith oedd wedi yfed mwy nag oedd orau iddynt.

'G'randa, Bych,' meddai Eifion. 'Rwyt ti yma hefo ni, a dan ni'n mynd i enjoio'n hunain am yr wsnos.'

'Dwad yma i enjoio'n hun wnes inna hefyd. A dyna dw i'n bwriadu'i wneud. Dydw i ddim wedi cael wsnos gyfa o chwarae golff 'rioed o'r blaen.'

'Golff ddiawl! Gawn ni ddigon o hwnnw'n y pnawnia'. Mae 'na betha gwell i'w gneud yn y nos . . .'

'A delach i'w gneud hefyd myn yffan i!' a chwarddodd Eifion yn uchel am ben ei jôc ei hun.

'Dy rownd di ydy hon Bych,' meddai Llŷr gan estyn ei wydryn i Brian.

''Run peth eto?' Os nad oedd Brian yn yfwr, doedd o ddim yn grintachlyd. Prynodd ddiodydd i'w ddau gydymaith gan wneud i'w beint ei hun barhau stem arall.

'Lle mae'n chdi?' Roedd Eifion wedi sylwi ar gymedroldeb Brian.

'G'randa boi,' meddai gan roi ei law ar ysgwydd Brian. 'Joio dan ni'n mynd i neud, reit? Golff yn pnawn os ydan ni'n teimlo felly, yfad a merchaid yn nos. Reit?'

'Ia, a riciwperêtio yn y b'rua. Blydi grêt, myn diawl.' Drachtiodd Llŷr o'i beint, chwalodd wynt yn uchel, ac edrychodd o gwmpas yr ystafell a oedd, erbyn hyn, yn eitha llawn.

'Pa dalent arall sy 'ma Eifs?'

'Mae 'na rwbath ym mhen pella'r bar dw i'n meddwl. Tyd. Ti'n dod, Bych?' Ond dewis aros wrth y bwrdd wnaeth Brian. 'Plesia dy hun,' meddai Eifion wrth ddilyn llwybr trwstfawr Llŷr i ben pella'r bar hir, llawn.

Gadawodd Brian ei wydryn hanner llawn ar y bwrdd, ac aeth allan o ddwndwr prysur y bar. Cymrodd y lifft i fyny i'w ystafell, gan adael i'r tawelwch lifo drosto i olchi llais meddw Llŷr o'i ymennydd. Dechreuai amau o ddifrif os oedd wedi gwneud peth doeth i ddod am wythnos i'r Alban gyda Llŷr ac Eifion. Gwerthfawrogai eu cynnig hael. Roedd yn falch o gael cwmpeini ar y daith, ac edrychai ymlaen at gael chwarae golff bob dydd ar rai o gyrsiau niferus y Gorllewin. Doedd o ddim wedi sylweddoli beth oedd yn mynd ymlaen pan nad oeddynt ar gwrs golff, a theimlai yn anghysurus iawn yn eu cwmni.

Trannoeth, roedd Brian wedi bod am dro o tua thair milltir ar hyd glan y môr, wedi cael ei frecwast, ac wedi darllen y rhan fwyaf o ddau bapur newydd cyn i Llŷr ac Eifion ymddangos.

'Gest ti gollad neithiwr, Bych!' meddai Llŷr drwy dafod tew. Tystiai cochni ei lygaid a llwydni ei wedd nad oedd wedi cael fawr iawn o gwsg.

'Dwy bisin handi. Handi iawn!' meddai Eifion a phwnio Brian gyda'i benelin. 'Gân nhw afael ar un i chdi heno os leci di. *Moderate terms*, ac yn werth pob dimai!'

'Blydi hel!' Dim ond dan bwysau y clywid Brian yn tyngu. 'Be'sy'n bod arnoch chi'ch dau? Dach chi'n briod . . . '

'Holidê! Hwyl bach dros holidê. Mae'r merched a'r plant yn ddigon hapus yn *Butlin's*. Os ydyn nhw isio'u ffling, wel, ffêr inyff. Maen nhw'n cael wsnos 'u hunain a ninna'n ca'l wsnos . . . '

'Ond i fercheta mor . . . mor . . .'

'Yffan dân! Paid â bod mor gul, bendith tad!' Roedd cydwybod Eifion yn berffaith dawel. 'Rydan ni'n talu am yn sbort – ag yn cymryd gofal – *safe sex and all that*. Duw, Duw! Sy'm isio i ti boeni.'

'Meddwl am ych gwragadd . . .'

'Dw i wedi deud! Maen nhw'n ocê.'

Ysgydwodd Brian ei ben, ac arllwys coffi du i'r ddau. Doeddan nhw ddim awydd dim byd mwy na hynny i frecwast.

'Beth am rownd cyn cinio? Naw twll . . .'

Tagodd Llŷr ar ei goffi, a chwythu cegaid o'r hylif du dros wynder y lliain.

'Yli be wnest ti i mi 'neud, y diawl . . .'

Ond ni allai Brian ddeall pam oedd Llŷr wedi tagu ac Eifion yn glanna chwerthin.

'Dos di am dy dylla, Brych!' meddai Eifion rhwng pyliau o chwerthin.

Brasgamodd Brian am y drws. Roedd yn edifar ganddo feddwl ei fod wedi cytuno i ddod gyda'r ddau. Yn hytrach nag aros am y lifft, rhedodd i fyny'r grisiau gan eu cymryd ddau ar y tro. Cododd ei fag golff o'i ystafell, a brysio allan. Clywodd furmur y lifft yn arafu a sefyll, a phenderfynodd fynd i lawr ynddi. Llithrodd y drws yn agored, a chamodd y ferch welsai'r noson cynt yn bwyta yn y bar, allan. Credai Brian ei bod yn yr ystafell fwyta tra oedd o'n darllen y papur hefyd, ond nid oedd wedi cymryd sylw ohoni.

'*Good morning*,' meddai'r ferch gyda gwên swil.

'*Morning*,' atebodd Brian gan frysio i gau ei hun yn y lifft a phwyso'r botwm i'w gario i lawr. Teimlai rhyw euogrwydd yn ei dagu. Ond wedi'r cyfan, doedd o ddim wedi bod yn trafod y ferch gyda Llŷr ac Eifion. Nhw eu dau oedd yn siarad amdani, a'i thrafod fel pe bai'n damed o nwyddau mewn ffenest siop. Doedd Brian ddim yn meddwl am funud ei bod hi y math o ferch oedd y ddau arall yn ei cheisio. Ond dyna fo, doedd hi ddim wedi deall yr un gair oeddan nhw'n ei ddweud, wrth lwc.

'Tri dros y *par*,' atebodd i gwestiynau Llŷr dros ginio. 'Byncyr ar y trydydd oedd y drwg, mi wnes i lanast yn fanno.'

'Fetia i y gna i o bump o dan . . .'

'*Tenner* na wnei di ddim!' meddai Brian. 'Eifion ti'n gêm?'

Roedd yr hen berthynas wedi'i sefydlu ei hun eto, a'r tri yn mwynhau cinio harti cyn mynd i weld pa un oedd yn mynd i elwa o'u bet ar gêm y pnawn.

Wedi dychwelyd o'u gêm bu'r tri'n trin a thrafod pob ergydiad a phob byncyr a thwll ar y cwrs cyn mynd am eu pryd bwyd. Dros ginio'r nos, buont yn dewis ple i fynd am gêm y pnawn canlynol, a phenderfynu, wedi hir drafod, i gychwyn cyn cinio i gwrs oedd yn gyfarwydd i Eifion a Llŷr.

'Reit, bois! Peint neu ddau cyn cwarfod y genod.' Gwthiodd Eifion ei gadair yn ôl, ymestyn yn braf a chodi i wneud ei ffordd bar.

'Wyt ti'n gêm heno, Bych?' holodd Llŷr.

'Na, dw i awydd mynd am dro,' atebodd Brian. 'Mae'n noson mor braf, a dw i awydd trio ca'l llun o'r machlud os galla i.'

'Chdi ŵyr.' Roedd yn llawn cystal gan Llŷr beidio â chael

Brian o gwmpas i wneud iddo deimlo'n euog. 'Ond 'ti'n colli lot o sbort – lot fawr. Ma'r genod yn gwbod 'u stwff.'

'Wela i chdi'n bora. Hwyl iti.'

Gadawodd Brian y gwesty ac anelodd am lan y môr. Cerddodd yn araf. Heb iddo'u cymell, deuai atgofion am Olwen i'w feddwl.

Eisteddodd ar fainc ar y prom ac edrych allan dros y môr heb weld y tonnau. Syllodd i'r gorllewin heb weld gogoniant y machlud. Roedd ei feddwl ymhell yn y gorffennol, yn ailfyw ei fisoedd prin gydag Olwen. Erbyn hyn, roedd wedi cael blynyddoedd o gynefino â bod yn weddw, a dod i delerau â'r golled ddwbl pan laddwyd Olwen a'r baban yn ei chroth.

Yn ei ddychymyg, trodd mainc y prom yn fainc y stesion, ac yn lle siffrwd y mân donnau yn torri ar y graean, clywai leisiai ar y platfform yn cwyno bod y trên yn hwyr – eto. Wedi munudau lawer o aros, newidiodd awyrgylch y stesion. Heb i neb ddweud dim, roedd amheuaeth fod rhywbeth mawr o'i le. Yna, daeth neges anodd ei deall dros yr uchel seinydd ond clywyd digon o'r geiriau trwynol i wybod bod damwain wedi digwydd i lawr y lein. Yn fuan, deallwyd bod y ddamwain yn un erchyll, a nifer wedi colli eu bywydau.

'Fi ydy'r unig un o'r tri sy'n foesol rydd i hel merched . . . a fi ydy'r lleia awyddus . . .'

Meddyliodd Brian am wragedd a theuluoedd y ddau arall ar eu gwyliau. Dechreuodd ddychmygu eu sgyrsiau wedi'r gwyliau, a sylweddolodd nad oedd ganddo ef neb i drafod y gwyliau, na'i waith na'i ddiddordebau. Llanwyd gwacter ei fywyd gan ei atgofion a'i ddychymyg, ac yn awr, wrth ganolbwyntio a meddwl am fywyd personol rhywun arall, y sylweddolodd mor unig ydoedd mewn gwirionedd. Ond ni fuasai byth yn meddwl am ddileu ei unigrwydd am awr neu ddwy gyda hwren. Rhedodd ias o atgasedd drwyddo i'w ddeffro o'i fyfyrdod. Edrychodd dros y môr gan weld bod cymylau tywyll yn prysur ddisodli yr hyn fu yn gochni machlud ysblennydd. Meinder y gwynt wnaeth iddo benderfynu mynd yn ôl i'r gwesty, ond wedi cyrraedd yno ni chafodd gysur yn y cynhesrwydd.

Ceisiodd ddarllen llyfr, ond clywai leisiau meddw Llŷr ac Eifion yn dweud y geiriau oddi ar y dudalen. Rhoddodd y llyfr heibio a chymryd cylchgrawn ysgafn, ond lleisiau gwragedd ei ffrindiau oedd yn hwnnw. Aeth i lawr i'r lolfa deledu; efallai y câi ffilm ddiddorol neu raglen ddogfen o bwys yno. Clywodd sŵn y teledu cyn agor y drws, a gwyddai mai'r ddwy hen wraig fyddar oedd yno.

'Waeth i mi yn y fan hyn ddim am ryw awran,' meddyliodd gan eistedd ar gadair esmwyth cyn belled ag y gallai o darddiad y sŵn. Sylweddolodd y gwragedd fod rhywun arall wedi dod i mewn, a dyma un yn troi y sŵn i lawr rhyw ychydig. Wedyn bu'r naill yn holi'r llall beth oedd newydd gael ei ddweud. Gwrandawodd Brian ar y dehongliadau am dipyn roedd rhai yn ddigon doniol, ond rhwng sŵn y teledu a'r mynych *'Eh? What was that? Did you hear what she said?'* a'r ateb carbwl yn cael ei weiddi'n fain, grynedig, pallodd y doniolwch.

Wedi troi a throsi, hepian cysgu a breuddwydio, cododd Brian a mynd am dro hir cyn brecwast. Dychwelodd i weld bod Eifion a Llŷr yn yr ystafell fwyta o'i flaen.

'Lle ddiawl wyt ti wedi bod?' oedd y croeso a gafodd.

'Gerddis i cyn bellad â'r goleudy. Yn bellach nag oeddwn i wedi'i fwriadu.'

'Yffach olau! Fydd dy goesau di wedi gwisgo'n ddim!' Roedd cerdded yn rhywle ar wahân i gwrs golff yn wrthun gan Eifion.

Mwynhaodd Brian y profiad o chwarae ar gwrs diarth, a dychwelodd y tri'n hapus iawn wedi gêm bleserus, a diweddu'r diwrnod yn gweld ffatri chwisgi. Arhosodd y tri yn un o'r trefydd ar y ffordd yn ôl i'r gwesty i brynu cardiau post i'w hanfon adre, a phrynodd Llŷr ac Eifion anrhegion drudfawr i fynd adref i'w gwragedd a'u plant.

'Lleddfu eu cydwybod,' meddyliodd Brian. Phrynodd ef ei hun ddim byd i gofio am ei wyliau.

'Fydd gen i fy lluniau,' oedd ei ateb i Eifion amser cinio'r nos. 'Dw i awydd trio cael y machlud y tu ôl i'r goleudy.'

'Machlud, myn diawl! Gei di hwnnw adre. Duw! Ti'n colli *chance* . . . '

'Mae dy blydi goleudy di filltiroedd i ffwrdd, ac eniwe, ti wedi bod yna unwaith yn barod.'

'Felly, dw i'n gwbod y ffordd, yn tydw?' meddai Brian gan godi oddi wrth y bwrdd a gadael y ddau arall i ddarfod y ddwy botel win oedd yn weddill ar y bwrdd. 'Wela i chi'n bora.' A gadawodd hwy i'w perwyl eu hunain.

Wedi nôl ei gamera a chôt ysgafn, cychwynnodd am y goleudy.

Llwyddodd i gael un neu ddau o luniau a edrychai yn bur drawiadol yn lens y camera, er nad oedd y lliwiau mor llachar â'r noson cynt. Dilynodd lwybr gwahanol yn ôl, gan fwynhau golygfeydd gwefreiddiol o'r mynyddoedd melfedaidd yn toddi i'r gwyll. Ymhell cyn cyrraedd llidiart gefn gardd y gwesty, gallai arogli'r gwyddfid, yna gwelodd felynwyn y blodau yn disgleirio yn y clawdd. Ceisiodd ddal eu harddwch gyda'i gamera, ac wrth geisio cymhwyso'r camera i dynnu'r llun, gwelodd wyfyn mawr yn glanio ar y blodau. Safodd fel delw a thynnodd lun y gwyfyn gyda fflach-olau'r camera yn bywiogi lliwiau allan o'r llwydni.

Er distawed sŵn y camera yn weindio'r ffilm ymlaen, yma, yn nhawelwch y gwyll, roedd bron â bod yn fyddarol. O leiaf, roedd yn ddigon o sŵn i yrru'r gwyfyn ar daith feddwol allan o gyrraedd y camera. Agorodd Brian y llidiart i'r ardd yn dawel a cherddodd yn araf i mewn gan graffu i'r gwrych i chwilio am y gwyfyn, neu un arall tebyg i gael tynnu ei lun eto.

Bu bron iddo â neidio o'i groen wrth fynd yn erbyn rhywbeth tywyll yn y cysgod. Roedd rhywun, fel yntau, gyda chamera ond fod y camera ar drithroed.

'Oh, I am sorry . . .' ymddiheurodd. 'I didn't see . . .'

'Sshh,' sibrydodd llais benywaidd. 'Death's Head.'

Cymerodd Brian ei wynt ato pan welodd y gwyfyn anferth. Symudodd y ferch yn araf a gofalus gan anelu'r camera yn fanwl ar y gwyfyn. Wedi iddi dynnu llun ar amseriad araf, gollyngodd ochenaid o ryddhad.

'In the bag!' sibrydodd. 'Triwch chi efo fflach.'

'Iawn,' meddai Brian a chodi ei gamera yn dawel ac araf. Gallai weld amlinelliad o'r gwyfyn oedd yn ddeng centimedr ar draws ei adenydd. Ceisiodd ei orau i gymhwyso'r lens, ac yna mentrodd y fflach.

'Mi ddylia hwnna ddod allan yn drawiadol,' meddai'r ferch.

'Gawn ni weld,' meddai Brian. 'Dydw i erioed wedi gweld Death's Head o'r blaen.'

'Mae'n anghyffredin i'w weld mor bell i'r gogledd. Y tywydd anarferol sy'n gyfrifol, mae'n debyg. Dw i wedi llwyddo i gael tri neu bedwar llun . . . '

Sibrydai'r ddau gan wylio'r gwyfyn yn hedfan ar hyd y gwrych. Daeth chwa o wynt sydyn, a chododd y gwyfyn i'r awel. Mewn eiliad roedd dros y gwrych ac allan o'u golwg. Er syllu a chraffu ni allai'r un o'r ddau weld golwg ohono.

'Roedd yn werth aros am hynna,' meddai'r ferch yn ei llais naturiol, a sylweddolodd Brian ddau beth. Yn gyntaf, roeddynt wedi bod yn sibrwd ers pan faglodd drosti, a sylweddolodd hefyd . . .

'Cymraeg ydach chi!' Erbyn hyn, roedd ei lygaid wedi cynefino â'r hanner tywyllwch, ac roedd wedi adnabod y ferch fel yr un oedd Llŷr ac Eifion wedi bod yn ei llygadu y noson gyntaf.

'Ia, Cymraes ydw i.' A chwarddodd. 'Mae wedi bod yn andros o sbort gwrando arnach chi . . . '

'Ond . . .'

'Roeddwn yn gwneud ati i gael bwrdd o fewn clyw i chi Brychan . . . Brychan ydy'ch enw chi'n te?'

Brychan? Sut andros oedd y ferch wedi meddwl hynny?

'Na, Brian . . .'

'Brych, mae'r ddau arall . . .'

Chwarddodd Brian. 'Bych maen nhw'n ddeud. Talfyriad o 'bychan', am mai Brian Small ydy f'enw i.'

'Mae'n ddrwg gen i. Fflur. Fflur Medi. Mae'n dda gen i'ch cyfarfod, Brian.' Ac yn union fel pe baent wedi cyfarfod mewn amgylchiadau ffurfiol, ysgydwodd y ddau law ei gilydd.

'Rhaid i mi ymddiheuro am ymddygiad . . .'

'Dim o gwbl!' Chwarddodd Fflur. 'Dw i'n deud wrthach chi, mae wedi bod yn sbort! Wir rŵan. Dw i'n un ddrwg am hynna. Os clywa i Gymry yn siarad, fydda i'n gwrando a pheidio cymryd arnaf 'mod i'n deall.'

'Rydych yn dysgu lot, dw i'n siŵr.' Teimlai Brian yn bur anesmwyth. Ceisiai gofio beth oedd o'i hun wedi ei ddweud y gallasai'r ferch fod wedi'i glywed.

'Dw i wedi dysgu dipyn, ' meddai. 'Dw i wedi dysgu pa fath o ddyn ydw i isio. Mi faswn i'n lecio cael gŵr fasa mor ffyddlon i mi ag ydach chi i'ch gwraig. Dw i'n teimlo'n saff ac yn gysurus efo chi. Alla i'ch trystio chi. Fasach chi'n meindio i mi ofyn ffafr, plîs?'

'Siŵr iawn.'

'Fasach chi'n meindio i mi ddod efo chi i drio cael llun o'r haul yn machlud dros y goleudy nos fory? Dydw i ddim yn rhy hapus mynd yno ar fy mhen fy hun yn hwyr . . . A plîs, peidiwch

45

â dweud wrth y lleill mai Cymraes ydw i.'

'Dw i'n addo na ddeuda i ddim wrthyn nhw,' meddai Brian. 'Ond mae 'na un peth y dylech chi wbod . . . Ond yn gyntaf, mi faswn i'n lecio cael gweld rhai o'r lluniau ydach chi'n eu tynnu.'

Roedd Brian am wybod hynny a allai am Fflur Medi cyn datgelu iddi'r gwir amdano'i hun.

DAU AIR

Dyma fi wedi eu clywed o'r diwedd! Y ddau air yr oeddwn yn ofni na chlywswn mohonyn nhw fyth, er i mi fod, ar un amser ofn am fy mywyd eu clywed.

Bob tro nad oeddet ti yn hwyliog, neu pan nad oeddet awydd bwyd, byddwn yn ofni yn fy nghalon dy glywed yn dweud yr union eiriau yna ddywedaist ti ar y ffôn neithiwr; y geiriau roddodd gymaint o fwynhad i mi, ac a'm llonnodd i ddyfnder fy enaid.

'Dw i'n feichiog,' meddet ti. Yn feichiog ers deufis, a finne ddim wedi amau. Pan ddeuaist ti a Merfyn yma wythnos diwethaf, ni amheuais fod dim yn wahanol i'r un tro arall; eto, roedd bywyd newydd yn datblygu yn dy groth, a minnau, dy fam, ddim yn gweld gloywder gobaith yn dy lygaid. Roeddet ti'n hapus, oeddet. Ond rwyt yn hapus bob amser, a chariad at Merfyn yn disgleirio yn dy lygaid, fel mae meddalwch cariad tuag atat yn ei lygaid yntau.

O ydw, dw i'n falch. Dw i'n falch fod Merfyn a thithau rŵan ar fin dod yn rhieni. Mor awyddus oeddwn i glywed y geiriau yna wedi i chi briodi! Yn dawel fach, gobeithiwn eu clywed bob tro roeddet ti'n ffonio, neu'n anfon llythyr. Pan welwn di, naill ai ar f'ymweliadau acw, neu pan ddeuet ti yma, astudiwn di yn fanwl, fel na all ond mam astudio ei merch. Gobeithiwn weld disgleirdeb beichiogrwydd yn dy lygaid. Gobeithiwn weld gobaith y dyfodol yn llygaid Merfyn. Gwrandawn ar eich

sgyrsiau, gan chwilio am neges gudd cyfrinach dy feich-
iogrwydd. Ond nis cefais.

Dw i'n gwybod i mi holi unwaith pryd oeddech chi'n bwriadu
fy ngwneud yn nain, ond pan welais y boen yn dy lygaid
sylweddolais fod yna ran o dy fywyd yn perthyn i ti a Merfyn
yn unig, ac nad oedd gen i, er yn fam i ti, hawl arno. Ofynnais i
ddim wedyn. Addunedais na holwn i, ac fe gedwais f'addewid,
er mai i mi'n hunan yr addunedais. Ond doedd hynny ddim yn
golygu nad oeddwn yn gobeithio.

Do, bûm yn gobeithio yn hir iawn. Am y ddwy flynedd
gyntaf, roeddwn yn gobeithio'n eiddgar, ac yn 'gwybod' y
clywn y newydd 'y tro nesaf'. Ond ddaeth 'y tro nesaf' ddim.

Yn ystod y drydedd flwyddyn, dechreuodd fy ngobaith
wanhau. Na, doeddwn i ddim wedi rhoi i fyny. Dim yr adeg
hynny. Gwyddwn eich bod yn cynilo i gael eich tŷ eich hunain.
Roedd fy synnwyr cyffredin yn dweud nad oedd lle i fagu teulu
yn y fflat.

Wedi i chi gael tŷ, ailgynheuodd fy ngobaith. Gwyliwn yn
fanwl i weld sut oeddech am ddodrefnu'r llofft sbâr. Bob tro y
cysgwn i yno, chwiliwn am arwyddion o baratoi am gael babi.
Mi wn mai 'llofft Nain' oedd Merfyn yn galw'r llofft mewn
hwyl, ond gwelwn gwmwl tristwch yn dy lygaid er i ti
chwerthin. Ond gan fod mam Merfyn yn nain i Bethan a Rhys,
gadewais i hynny fod, ac ni wnes unrhyw gyfeiriad at y ffaith
nad oeddwn yn gymwys i gysgu yno. Er bu bron i mi wneud
fwy nag unwaith.

Cawsom gryn barti i ddathlu degfed pen-blwydd dy briodas.
Mwynheais i hwnnw yn fwy nag unrhyw barti erioed dw i'n
credu, a phan ddaeth Bethan ataf a gofyn gawsai hi fy ngalw'n
'Nain' – wel, roedd hynny yn rhoi'r eisin ar y gacen, fel petae.

Mae bod yn 'Nain Jôs' i Rhys a Bethan wedi rhoi mwynhad
mawr i mi. Ond mwynhad benthyg ydy o. Does gen i mo'r hawl

IAWN i gael fy ngalw yn Nain iddyn nhw er cymaint o fwynhad a phleser ydw i'n ei gael. Ac mae Gwen ac Alun mor serchus ohonof ac yn fy nghynnwys yn aml yn eu dathliadau teuluol. Ond dydy hynny ddim *patch* ar gael bod yn nain yn fy haeddiant fy hun . . . Rŵan dw i'n gallu edrych ymlaen at hynny.

Rŵan, dw i'n rhyfeddu i mi erioed fod ofn dy glywed yn dweud dy fod yn feichiog. Ond fe fues i ofn, fel y bydd pob mam pan wêl ei merch yn datblygu o fod yn eneth i fod yn ferch ifanc. Pan gyrhaeddaist aeddfedrwydd benywdod, gwyddwn fod perygl i hyn ddigwydd. Er i mi dy ddysgu am ffeithiau bywyd, ac er fy mod yn ymddiried yn dy ddoethineb, roedd arnaf ofn. Ofn i ti 'syrthio'! Ofn i rhywun wneud ffŵl ohonot ti. Ofn i ti 'fynd i drwbwl'. Ofn gwaradwydd pobl. Ie, ofn 'be ddeuda pobl'.

Gall cymdeithas fod yn greulon iawn, wyddost. Mae mamau di-briod yn cael eu derbyn rŵan gan gymdeithas 'barchus'. Does yna ddim stigma y dyddiau yma o gael plentyn y tu allan i briodas. Mae pawb yn derbyn hynny. A i ddim i bregethu na c i ddadlau dros, nac yn erbyn, y ffaith.

Ond doedd hi ddim fel yna erioed. Fe fu amser pan oedd mamau di-briod yn cael eu gwrthod gan y gymdeithas, ac yn aml iawn gan eu teulu agosaf, fel y digwyddodd i mi ddeng mlynedd ar hugain yn ôl. Do, fe fu'n rhaid i minnau ddweud wrth fy rhieni y ddau air ddywedaist ti wrtha i. Ac anghofia i fyth am yr ofn fu'n corddi yn fy nghalon am wythnosau cyn i mi fagu'r dewrder i'w dweud. A dweud o'r diwedd pan oedd Mam yn gwybod yn barod. Nis gwn eto sut roedd hi'n gwybod, ddywedai hi ddim. Hyd y gwn i, ni wyddai neb. Ddim hyd yn oed dy dad. Ond maentumiai Mam ei bod yn gwybod eisoes. Efallai fod fy siâp yn dechrau dangos, ond dydw i ddim yn credu hynny.

Ar ddiwedd y pumdegau, y peth derbyniol i ferch feichiog ei

wneud oedd priodi, a hynny yn dawel yn swyddfa'r cof-restrydd. Anwybyddai'r rhan fwyaf o'r cymdogion yr achlysur, ac ychydig iawn o anrhegion gâi'r cwpwl. Gwelais fwy nag un briodas o'r fath, a chredet ti ddim rŵan fel roedd pobl 'barchus' yn edrych i lawr eu trwynau ar briodas frys. Os oedd rheswm digonol dros beidio â phriodi, byddai merch feichiog yn mynd i ffwrdd 'at fodryb yn Lloegr' ac efallai yn dod adre'n ôl yn welw wedi erthyliad stryd gefn, neu'n dod adref yn unig a cholledig a'r plentyn wedi ei fabwysiadu. Ond nid oedd yr un o'r ddau ddewis yna gen i.

Drwy i mi adael i bethau fod, aeth yr amser yn rhy bell i mi gael erthyliad, a fynnwn i ddim rhoi'r plentyn i'w fabwysiadu. Roeddwn am sefyll ar fy nhraed fy hun. Fe ddwedodd Mam y buasai yn fy nghefnogi. Ddeudodd 'Nhad ddim byd pan dorrais y newydd. Ond gwelais galedwch ei lygaid, a chlywais drafod hir, tawel a dwys ymhell i oriau'r nos.

Gall amgylchiadau newid mewn amrantiad. Un funud, roeddwn i a'm rhieni yn mwynhau sgwrs wrth y bwrdd ar ôl swper – os oeddwn i'n mwynhau – a minnau'n paratoi i gyfadde fy mhechod. Wedi i mi ynganu'r frawddeg, dadfeiliodd cwlwm y teulu. Alla i ddim diddymu caledwch llygaid 'Nhad o'm meddwl. Alla i ddim dileu o'm cof y siom ddaeth i lygaid Mam, er iddi ddweud,

'Paid â phoeni. Mae wedi digwydd, roeddwn i yn gwybod. Mi wnawn ni dy helpu di.'

Ddywedodd 'Nhad ddim byd . . . dim ond edrych arnaf gyda'r fath . . . na, nid casineb . . . nid ffieidd-dra . . . na chywilydd . . . ond roedd elfennau ohonynt i gyd yng nglesni'i lygaid. Edrychodd ar y cloc, a chodi. Gwyddwn ei fod ar fin mynd ar un o'i fynych deithiau gyda'i waith – Yr Alban oedd ei nod y tro hwnnw, a chan ei fod am gychwyn yn oriau mân y bore, roedd yn noswylio yn gynnar.

Er bod fy ngwddf wedi cau i fyny, dymunais 'nos da' ond atebodd o ddim. Clywn sŵn ei draed yn y llofft yn casglu'i bethau at ei gilydd. Yn nes ymlaen, pan oeddwn yn fy ngwely, clywn leisiau'n trafod yn ddwys. Doedd dim rhaid dyfalu beth oedd testun y drafodaeth.

Pan godais wedi noson o droi a throsi rhwng cwsg ac effro, roedd yn sioc i ganfod bod Mam wedi mynd gyda Dad. Doedd hyn ddim yn anarferol ond, pan ddigwyddai, byddai wythnosau o drafod a chynllunio wedi rhagflaenu'r cychwyn. Disgwyliwn y ddau yn ôl ymhen tridiau, ond ni fu hynny, fel y gwyddost. Rwyt wedi tyfu i fyny gyda'r hanes o ddamwain Taid a Nain, gan gredu bod dy dad hefyd yn yr un ddamwain. Rwy'n erfyn arnat i faddau i mi am dy gamarwain cyhyd. Gwnes yr hyn oeddwn yn dybio oedd orau.

Tybed beth fuasai wedi digwydd pe na buaswn wedi dweud y noson honno? Fuasai Mam wedi aros adref, fel y cynlluniai? A fuasai'r ddamwain wedi digwydd? Ond dyna fo! Fe ddigwyddodd. Roedd gen i gymaint o bethau i'w trefnu, cymaint o alar i'w reoli. Gwibiodd y dyddiau a'r wythnosau heibio heb i mi allu rhoi amser i fanylu ar yr hyn oedd yn digwydd i mi. Doeddwn i ddim yn gallu fforddio amser na gofal i'r un bach oedd, heb iddo ofyn hynny, yn tyfu a datblygu o'm mewn.

Daethost i lenwi bwlch mawr yn fy mywyd. Cymeraist ti le y rhieni a gollais a'r brawd a'r chwaer na fu gen i erioed, a hefyd, buost yn bersonoliad o'm hunig gariad. Tyfaist yn ffrind i mi, yn gwmpeini y rhown fy mywyd i'th amddiffyn. Ti oedd holl bwrpas fy modolaeth; gwnawn bopeth er dy fwyn. Efallai fod arian wedi bod yn brin, ac na allwn roi i ti gymaint o roddion materol ag a ddymunwn. Ond roedd gen i amser i'w roi i ti. Doedd dim galw arall ar f'amser ond ti a'th fuddiannau.

Derbyniaist nad oedd gennyt dad, a'th fod wedi dy eni a

minnau'n ddi-briod. Atebwn dy gwestiynau mor eirwir â phosib, heb ddatgelu pwy oedd. Does neb ond y fi yn gwybod y gyfrinach honno. Ŵyr o ei hun ddim am dy fodolaeth. Mae ganddo ei deulu ei hun. Sylweddolais fy mod bron wedi bod yn achos dadfeilio ei briodas, a chymaint oedd fy nghariad tuag ato fel bod arnaf ofn ei weld yn dioddef casineb ei wraig. Gwyddwn na allwn i fyth ei gasáu, er cymaint a ddioddefais oherwydd fy ffolineb i a'i dwyll o. Mae misoedd crasboeth yr haf hwnnw yn rhan o'm bywyd y byddaf yn ei ailfyw yn aml, a'i gofio am fy niniweidrwydd, a'r angerdd bythgofiadwy.

Roedd hi'n haf anarferol o boeth, a minnau'n ifanc, yn llawn asbri ac yn profi annibyniaeth am y tro cyntaf. Roeddwn i a dwy o'm ffrindiau'n gweithio mewn gwesty ar lan y môr, ac wrth ein boddau yno; digon o hwyl a chyflog da, er bod y gwaith yn galed. Ynghyd â gweithwyr achlysurol y gwestai eraill, caem ychydig oriau'n rhydd pob pnawn cyn dechrau paratoi at ginio'r nos. A dyna bnawniau oedd y rheiny! Torheulo'n noeth yn y twyni a nofio yn y môr a oedd yn lân y dyddiau hynny. Gwelem ein hunain fel duwiau a duwiesau cyntefig yn addoli'r haul a chyrff ein gilydd. O oeddem, roeddem yn credu ein bod yn rhyw fath o arloeswyr rhywiol; yn ddarganfyddwyr pleserau na wyddai neb ond y ni am eu bodolaeth.

Un pnawn, crwydrais ar fy mhen fy hun oddi wrth y criw i fae bychan rhwng y clogwyni. Yno, cerddodd y dyn harddaf a welais erioed allan o'r môr. Bedyddiais ef yn Adonis ar yr olwg gyntaf. Roedd dros chwe throedfedd o daldra, a'i gorff lluniaidd cyhyrog wedi brownio yn yr haul, a'i wallt melyn, yr un modd, wedi ei gannu. I ryw raddau, atgoffai fi o luniau oedd acw o 'Nhad yn ei ieuenctid ond fod corff y dyn yma yn berffaith, heb y cloffni a andwyai gerddediad 'Nhad.

Ddywedais i ddim byd amdano wrth y merched eraill, ond byddwn yn ei gyfarfod yn aml. Ar y dechrau, roeddem yn mwynhau cwmni'n gilydd drwy nofio a thorheulo yn y pnawniau pan oeddem ein dau'n cael amser rhydd. Ar y dyddiau pan oedd o'n gweithio yn y pnawniau, cyfarfyddem yn hwyr yn y nos. Does dim yn fwy rhamantus na nofio yng ngolau'r lloer pan mae gwres y dydd yn parhau yn y tywod.

Lleihaodd gwaith y gwesty ddiwedd Medi, ond bûm yn ddigon ffodus i gael gwaith parhaol yno. Daeth yn rhy oer i nofio yn y môr, ond cyfarfyddem rhyw ben bob dydd. Wrth edrych yn ôl, rwy'n rhyfeddu at fy niniweidrwydd, neu efallai mai twpdra ydy'r gair iawn! Feddyliais i ddim fod unrhyw beth yn od yn nirgelwch ein '*dates*'. Aen ni byth i unman cyhoeddus, byth i dŷ bwyta, neu i'r pictiwrs fel cyplau eraill. Pan fyddai oriau sifftiau ei waith fel plismon a'm gwaith i yn y gwesty yn caniatáu, aem yn ei gar i encilion cudd i gael mwynhau cwmni'n gilydd, a phrofi'n cariad. Amheuais i ddim nad oedd yn rhydd . . . amheuais i ddim fod ganddo wraig a phlant.

Sylweddolais ei fod yn bur dawedog un noson yn Nhachwedd ac, wrth holi, deallais ei fod yn cael ei symud i dref arall ym mhen pella'r sir.

'Mae 'na ddigon o hotels yno,' meddwn innau'n frwdfrydig. 'Fydd hi ddim yn anodd . . . '

Ond torrodd ar fy nhraws i'n gwta.

'Fydda i ddim yn dy weld di eto.' Dyna'i eiriau olaf i mi.

Yn rhyfedd iawn, gwelais ef drannoeth. Anaml y gwelwn ef yn ystod ei oriau gwaith; fyddai dim siawns am sgwrs ar yr achlysuron hynny, dim ond gwên a winc. Ond pan welais i o'r diwrnod canlynol, nid wrth ei waith oedd o, ond yn siop *Tesco* gyda gwraig a phlant – yn ddiamheuol ei blant ef. Welodd o mohona i. Fues i erioed yn siop *Tesco* am amser cyn fyrred!

Credaf i mi gyflawni fy ngwaith yn y dyddiau wedyn, ond roeddwn mewn stad o sioc. Yr adeg hynny y sylweddolais nad oedd neb o'r hen griw ar ôl. Roedd pawb wedi mynd i'w ffordd ei hun, y rhan fwyaf i'w colegau yma a thraw. Doedd neb ond fi yno, yn un adyn unig heb neb i fwrw'm gofid iddo. Pan sylweddolais fy nghyflwr, roeddwn mewn un ffordd yn llawenhau bod rhan ohono gen i am byth. Ond yng ngolau oer rheswm, gwyddwn nad oedd gen i hawl i'r rhan hwnnw er cymaint fy nghariad tuag ato. Allwn i ddim teimlo'n ddig wrtho. Allwn i ddim ennyn cynddaredd na chasineb. Gwacter a chof am ddyddiau hapusaf fy mywyd oedd yn fy nghalon. Dychwelais adref i weithio mewn siop yn y pentref.

Tyfaist i fyny gyda'r gred gelwyddog fod dy dad wedi marw cyn i ti gael dy eni. Roedd gwirionedd yn hynny. I mi, roedd o yn farw. Gadewais iddo fynd at ei deulu, lle y dylai fod.

Ddyliwn i deimlo cywilydd ac euogrwydd am ei gymryd am yr haf hwnnw? Efallai. Ond i mi, yn y dyddiau tesog, cynhyrfus hynny, wyddwn i ddim nad oedd gen i hawl i'w gael.

Ddyliwn i deimlo gwarth am fod yn un ochr o driongl tragwyddol? Efallai. Ond roeddwn yn hollol anymwybodol o'r ffaith fod ganddo wraig.

Ddyliwn i fod yn filain wrtho am fy nghamarwain? Efallai. Ond roeddwn yn ei garu â'm holl enaid a chorff.

Ddyliwn i fod wedi dweud wrthyt ti fod gen ti hanner brawd a hanner chwaer? Efallai. Ond doeddan nhw ddim yn rhan o'm bywyd i. Gwyddwn y buasai gwybod amdanynt yn tanseilio sicrwydd ein cariad ni'n dwy.

Ddyliwn i geisio dod o hyd i dy dad a dweud wrtho am dy fodolaeth? Efallai. Ond roeddwn yn ei garu cymaint gwyddwn y buasai gwybod amdanat yn difetha ei briodas, ac roeddwn am iddo fod yn hapus. Fe ymdopwn i â bywyd gan dy fod ti gen i.

Buaswn wedi hoffi cael gwybod ei hynt a'i helynt, ond wn i ddim oll o'i hanes erbyn hyn. Chreda i ddim fod neb ond y fi yn gweld ei debygrwydd ynot ti. ' 'Run ffunud â'i mam,' fyddai geiriau pawb pan welent di – hynny ydy, pawb a ffwdanai i ddweud rhywbeth. Erbyn hyn, gwêl rhai debygrwydd i 'Nhad ynot. 'Anodd tynnu dyn oddi ar ei dylwyth' fydd eu cân hwy.

Erbyn hyn does neb yn cofio, nac yn malio, mai plentyn siawns wyt ti. Dwyt ti ddim y cyntaf, na'r olaf. Cefaist gartref cysurus a bywyd diogel. A dyma ti rŵan yn glod i mi. Petae 'Nhad a Mam yn fyw, buasen nhw'n falch iawn ohonat ti. Fel y bydda i yn falch o fy ŵyr neu wyres.

Ond yr hyn sy'n rhoddi'r boddhad mwyaf i mi, a phleser a llawenydd nas gallaf ei fesur, ydy'r ffaith fod gen i eto i ddod ddisgynnydd i dy dad. Bydd gen i hawl eto i garu bywyd newydd a bydd gwaed fy nghariad cyntaf – yn wir, fy unig gariad rhywiol – ynghlwm yn fy ngwaed fy hun, yn llifo yn ei wythiennau.

Bydd wych, ac edrych ar ôl dy hun a'm ŵyr, a dw i'n erfyn arnat i beidio â bod yn rhy ddig wrthyf.

FFENESTRI

Gwasgodd Elin ei thrwyn yn dynn yn erbyn ffenest siop Martha. Cymylodd ei hanadl y gwydr, a rhwbiodd y ffenest yn wyllt gyda'i maneg wlân, gan adael blewiach cochion yn y tamprwydd. Ond ni allai glirio'r ager ar du fewn y gwydr, na goleuo mwrllwch tywyll Rhagfyr a lanwai'r ffenest.

'Dydy o ddim yma,' meddai'n siomedig.

'Ddown ni yma i edrych eto fory,' meddai Enid. Trodd i ffwrdd a chychwyn hopian o un garreg balmant i'r llall.

'Es di ar linell!' gwaeddodd Enid. 'Welis i chdi!'

'Naddo ddim!' atebodd Elin. 'Dwyt ti ond yn jelys am 'mod i'n gallu hopian yn well na chdi.'

'Alla i hopian ar fy nhroed chwith hefyd! Dim ond ar dy droed dde wyt ti'n hopian bob tro beth bynnag.'

'Reit!' meddai Elin yn foslyd, fel arfer. 'Gawn ni weld rŵan. Mi wnawn ni hopian ar y droed dde i weld pwy all hopian hira."

'Ac ar y droed chwith wedyn,' mynnai Enid. Roedd hi'n benderfynol o achub ei henw da fel hopwraig orau Dosbarth Miss Hughes. 'A rhaid i bawb gyfri drosti'i hun. Yn onast!' ychwanegodd o adnabod ei gefaill yn ddigon da i amau y gallasai ychwanegu hop neu ddau pe bai'r sgôr yn glòs.

Anghofiodd y ddwy eu cyfrif pan arafodd cerbyd y tu ôl iddynt, a chlywsant lais eu tad yn galw arnynt,

'Pwy s'isio pas adre?'

Ymhen dim, roedd y ddwy wedi gwasgu eu hunain i sedd

flaen y fan, a Pero'r ci yn ceisio ei orau i lyfu eu hwynebau a'i gynffon yn ysgwyd ei chroeso fel pendil cloc meddw.

Fu dim sôn wedyn am yr ornest hopian na'r ffenest dywyll yn siop Martha. Hynny ydy tan drannoeth.

Ymhell cyn cyrraedd y siop, gwelodd Enid fod golau yn y ffenest. Cyflymodd ei chalon. Gwyddai o brofiad ei wythmlwydd fod y diwrnod wedi cyrraedd.

'Rasia i di,' gwaeddodd gan garlamu i lawr y stryd ac Elin yn dynn wrth ei sawdl.

Safodd y ddwy o flaen y ffenest â'u llygaid yn disgleirio. Deuai eu hanadl yn bwffiadau mân wedi eu rhedeg gwyllt.

'O, mae o'n hardd!' sibrydodd Elin a'i llais yn dew o ryw barchusrwydd arswydus.

'Mae o wedi cyrraedd!' ategodd Enid yr un mor ddwyfol barchus.

Rhythodd y ddwy am funudau heb ddweud yr un gair. Serennai eu llygaid, a symudai eu pennau fymryn i fyny ac i lawr mewn cydsymudiad perffaith â'r ddau garw a branciai'n fecanyddol undonog yn eu hunfan o flaen y sled, tra chwifiai llaw ddi-chwip Siôn Corn yr un mor fesuredig yn ôl ac ymlaen y tu ôl iddynt.

Wedi talu gwrogaeth ddyledus i'r weledigaeth hudolus, trodd y ddwy eu camrau tuag adref. Yn awr, nid oedd amheuaeth nad oedd y Nadolig ar y trothwy. Waeth am ymarferion Drama'r Geni yn y Band o' Hôp, na'r ymarferiadau erbyn y Cyngerdd Nadolig yn yr ysgol, doedd Nadolig ddim yn dechra nes bod Siôn Corn a'i geirw yn ffenest siop Martha.

Bu'r otomaton yn arwydd i genedlaethau o blant Penrhiw ei bod yn amser ysgrifennu llythyr pwysicaf y flwyddyn. Roedd cyfrifoldeb ei swydd dymhorol tros y blynyddoedd wedi gadael ei ôl ar yr hen Sant. Collasai ei chwip a thoslyn ei gap ers achau. Profodd rhyw lygoden neu ddwy rai o'r nwyddau oedd yn y sachau ac, wedi darganfod mai ffug oeddynt, bodlonasant ar fynd â rhannau o gyrn y ceirw yn wobr gysur. Sugnodd haul y gaeafau beth o gochni gwisg yr henwr, gan adael arlliw yn y plygiadau 'o'r ysblander a fu'; ond er hyn i gyd, roedd hi'n wefreiddiol ei weld yno flwyddyn ar ôl blwyddyn.

Wedi trefnu y ffenest at y Nadolig, byddai Martha yn brysur yn y siop am y pythefnos canlynol. Wrth ddod â'r otomaton i'w orsedd flynyddol, deuai hefyd â gweddillion teganau Nadoligau y gorffennol allan o'r stordy. Wedi tynnu'r llwch oddi arnynt, a cheisio trwsio corneli bratiog y bocsys gydag ymyl stampiau, gosodai hwy yn rhes daclus ar y silffoedd y tu ôl i'r cownter, gan wthio bocsys y powdr cwstard a'r pys sych i silff y tuniau islaw.

Byddai rhai cwsmeriaid darbodus wedi bod yn casglu eu sylltau yn y Clwb 'Dolig, a chaent hwy eu dewis o'r anrhegion newydd; y doliau syth, gyda'u gwên sefydlog, y bagatel a'r trên weindio, a'r rhyfeddodau eraill nas gwelwyd yn y siop ond am ychydig ddyddiau tua chanol Rhagfyr. Gwyddai Martha mor allweddol bwysig oedd hi a'i siop i lwyddiant Nadoligau plant Penrhiw. Ffenest y siop oedd catalog teganau'r plant. O'r rhyfeddodau yma y dewisient wrthrychau eu dyheadau i lunio eu llythyrau blynyddol a oedd mor gymhedrol o'u cymharu â'r llythyrau diweddarach a anfonai eu plant hwy a phlant y rheiny wedyn.

Heblaw am dymor hudolus y Nadolig, roedd i siop Martha ran allweddol bwysig ym mywyd trigolion Penrhiw. Yno y lledaenid y newyddion diweddaraf am garwriaethau – rhai agored a rhai cudd – am enedigaethau, salwch a marwolaeth. Yma y cyfnewidid sibrydion, ac yma hefyd y datblygai'r sibrydion hynny yn 'wirioneddau mawr'. Nid gwag hel clecs fyddai'r gymdogaeth o glywed am gynni neu helbul. Byddai aml un yn gwybod lle i roi rhyw rodd fechan, a hynny yn cael ei wneud yn y modd mwyaf parchus a di-gardod.

Ar adegau tawel rhwng cwsmeriaid, eisteddai Martha yn ei chornel yn gweu. Ymddangosai fel pe bai wedi ei thorri i ffwrdd yn llwyr oddi wrth y gymdeithas y tu allan ond, mewn gwirionedd, ar yr adegau yma y lloffai lawer o newyddion y dydd gan fod safle bws Tregarreg y tu allan i'r ffenest. Ymlwybrai'r bws i Dregarreg yn ddyddiol ar yr awr, bob awr, gan gario plant i'r Ysgol Fawr, gweithwyr i'r ffatrïoedd a merched i'r siopau.

Tra'n aros am y bws, sgwrsiai pawb yn hollol agored gyda'i gilydd. Pe na bai Martha yn gweini ar gwsmer, gallai glywed y sgwrsio yn eglur dros gliciadau prysur ei gweill. Gwyddai gan amlaf beth oedd pwrpas y daith i'r dref. Gwyddai pwy fyddai'n mynd a phryd i'w disgwyl yn ôl. Sylwai Martha os oedd newid yn nhrefn wythnosol unrhyw un, a chyn nos gwyddai y rheswm am y newid.

Gweithiai'n galed i gadw'r siop yn lân a thaclus. Pob bore, golchai garreg y drws a'r teils gwyrdd o dan y ffenest. Cabolai wydr y ffenest i wneud yn siŵr bod y petheuach dinod yn cael eu gweld ar eu gorau. Er na wnâi fywoliaeth fras, darparai wasanaeth cymdeithasol arbennig i'r gymdogaeth. Yn y siop yr arhosai plant yr ysgol i'w mamau ddod ar y bws bedwar o Dregarreg. Yno y gadewai Arthur Stesion y parseli a gludai oddi ar y trên i drigolion y pellterau eu nôl pan ddeuent i'r pentref. Cariai Martha negesi dirifedi ar lafar o'r naill bentrefwr i'r llall.

'Pan ddaw Grace yma i nôl ei phapur, dwêd wrthi bydda i yno bump o'r gloch heno, yn lle hanner awr wedi.'

'Cadw Hannah yma heno o'r ysgol. Dw i'n mynd i dŷ Mam, ella bydda i'n hwyr.'

Ni sylweddolai Martha werth ei chymwynasau diddiwedd i'r gymdogaeth. Mwynheai ei bywyd prysur, ac roedd wrth ei bodd yn cael bod yng nghanol digwyddiadau bywyd pawb a gwybod beth oedd yn mynd ymlaen. Uchafbwynt y flwyddyn oedd paratoi at y Nadolig. Ym misoedd yr hydref, byddai wedi trefnu gyda'r trafeiliwr pa deganau a chwaraeon fyddai yn gwerthu yn dda erbyn y Nadolig. Byddai wedi gofalu bod pawb oedd â phlant ifainc wedi cael cyfle i ymuno â'r Clwb 'Dolig. Uchafbwynt y tymor oedd rhoi y Siôn Corn yn y ffenest, a hynny bythefnos union cyn y Nadolig. Fel y plant, ni welai ffaeleddau'r model. Iddi hi, yr oedd mor hudolus berffaith ag y cofiai o'i phlentyndod. Bu'n ganolbwynt y ffenest gan ei thad, ac ni freuddwydiai newid y drefn a sefydlodd ef.

Wedi gwagio'r ffenest, a brwsio'r gwybed marw ymaith, gosodai liain gwyrdd tywyll ar lawr pren y ffenest. Yn y canol, rhoddai haen o wadin fu unwaith yn glaerwyn, ac ar hwnnw, y model. Yn ddeddfol, gosodai'r pwysau plwm i siglo'n ôl ac ymlaen. Rhes o afalau cochion wedi eu rhwbio i loywder Nadoligaidd ar hyd ffrynt y ffenest, a dau baced o *Paxo* a bocsys *Bird's Custard*, (*Mother's favourite*) o boptu i'r Siôn Corn. Amrywid cynnwys y ddwy fasged fach yn y corneli gyda chnau, dau neu dri oren neu foron neu *Brussel sprouts*. Byddai Nadolig Penrhiw ar y ffordd i fod yn llwyddiant eleni eto fel pob blwyddyn arall.

Fel pob pentref cyffelyb, datblygodd Penrhiw dros y blynyddoedd, gan dyfu a newid ei gymeriad yn raddol. Lleihaodd teithiau'r bws, a chynyddodd nifer y ceir. Câi'r plant eu cludo i'r ysgol a'u nôl gartref yn y prynhawn. Rhoddwyd eu hallweddi eu hunain i blant y mamau oedd yn gweithio, ac ni ddeuai neb i gael eu gwarchod yn y siop. Gyda rhyddid eu ceir eu hunain, teithiai teuluoedd i siopau mawrion Tregarreg am eu neges wythnosol, gan ryfeddu at y dewis eang a'r bargeinion anhygoel a bythol. Anghofiodd pawb am siop Martha a'i chymwynasau a oedd, mewn gwirionedd, yn llawer mwy gwerthfawr na 'bargeinion' siopau'r dref.

Cliriwyd y ffenest am y tro olaf. Gosodwyd llenni lês oedd

ddim yn llwyr ddiddymu ôl llythrennau euraidd *'Family Grocer and General Store'*. Daethpwyd â'r aspidistra o'r parlwr cefn i deyrnasu ynghanol y ffenest. Newidiodd Martha ei stôl fach drithroed am gadair siglo gysurus, a gwerthodd y cownter i rywun oedd am fentro agor siop grefftau yn yr hen orsaf.

Wedi darfod ei gorchwylion boreol, eisteddai Martha gyda'i gweu neu lyfr, i fwynhau segurdod a chroesawu hen ffrindiau a ddisgwyliai droi i mewn i edmygu'r parlwr newydd a rhannu newyddion y dydd. Ni fyddai'r drws ar glo yr un amser ond, wedi'r dyddiau cyntaf, pylodd cywreinrwydd y cyn gwsmeriaid, ac eithriad fyddai i Fartha gael ymwelydd.

Llusgai'r pnawniau unig heibio un ar ôl y llall. Safai Martha yn y drws pan fyddai'n amser i'r plant ddod o'r ysgol, ond ni ofynnid iddi warchod yr un fel y byddai'n gwarchod eu rhieni gynt. Ni welai'r plant hi wrth iddynt ruthro heibio yn eu brys i wylio eu harwyr a'u hanturiaethau ar y teledu. Roedd y trên wedi hen ddarfod ei siwrneiau dyddiol i fyny'r cwm, gan wneud Arthur Stesion a'i dryc llaw yn segur a di-alw-amdano. Ddeuai neb â neges i Fartha ei chyfleu, nac i ofyn cymwynas. Ddeuai neb chwaith i gynnig cymwynas iddi hi. Feddyliai neb ddod â neges iddi o Dregarreg. Cyfarchent hi'n ddigon serchus pan welent hi yn achlysurol ar y bws neu ar y stryd yn Nhregarreg, ond ni sylwai neb ar arwyddion henaint a'r musgrellni cynyddol. Prysurai pawb ymlaen â'i fywyd prysur ei hun.

.   .   .

'Dw i'n siŵr eich bod yn ei 'nabod hi,' meddai'r metron wrth Elin. 'Un o Benrhiw ydy hi.'

'Na. Does gen i ddim syniad, wir . . . Wyddost ti pwy ydy?' holodd ei chwaer. Pa bwys o ble y deuai'r hen wraig? Doedd dim iws iddi fwy nag oedd i'w thad. Eisteddai'r ddau yma gyda gweddill trigolion y Cartref. Pob un â'i gadair benodol yn disgwyl am Gabriel, neu ba bynnag angel oedd i ddod i nôl eu heneidiau o gyrff gweigion i baradwys.

'Na . . . Dw i ddim yn credu. Miss Roberts?' Er iddi geisio cofio cyfoedion ei rhieni, allai Enid ddim cofio am yr un Miss Roberts. Cychwynnodd am gadair ei thad gan adael i Elin fynd gyda'r metron at yr hen wraig.

Roedd yn gas gan Elin orfod dod fel hyn pob deufis i weld ei thad. Hen beth diflas oedd gorfod egluro i hên ŵr dro ar ôl tro ei bod hithau hefyd, fel Enid, yn ferch iddo. Ni wyddai os deallai hynny o'i fyd bach ei hun. Edrychai drwy'r ffenest ar y byd yn mynd heibio, heb weld dim yn digwydd. Gwnai bopeth yn y Cartref fel pob un arall heb sylweddoli ei fod yn rhan ohono.

Edrychodd Elin ar ei wats, dim ond pum munud ers iddi adael ei char yn y maes parcio ond ymddangosai'n llawer mwy. Roedd eisiau mynd oddi yma cyn gynted ag y gallai, a dyma'r metron yn dod â hi i olwg rhyw hen wraig wargrwm, a cheisio cael tynnu sgwrs â honno.

'Penrhiw, ynde?' holodd y metron. 'Yno oeddech chi'n byw, ynde? Yn Penrhiw.'

'Ia, d'wch?' atebod yn floesg. 'Os 'dach chi'n deud . . .'

'Fanno maged y ledi yma, ylwch.'

'O.' Syllodd i gyfeiriad Elin, ond ni ddangosai unrhyw bleser na balchder o weld person newydd a diarth o'i blaen. Rhychai blinder oes ei hwyneb.

Ysgydwodd Elin ei phen.

'Dw i wedi mynd o Benrhiw ers blynyddoedd, w'chi.' Roedd yn hwyr glas ganddi fynd i dalu ei dyledus wrogaeth i'w thad cyn mynd i fwrlwm y dref am orig cyn gyrru adref.

Syllodd i lygaid tywyll yr hen wraig. Roedd fel syllu i dywyllwch ffenest siop siomedig o wag. Cofiai siom o weld tywyllwch ple disgwyliai weld arddangosfa liwgar, gyffrous. Ni theimlai unrhyw gysylltiad â'r person y tu ôl i'r llygaid pŵl. Corddai rhyw anniddigrwydd yn ei gwythiennau, rhyw euogrwydd. Ond nid oedd yr un rheswm iddi deimlo yn euog. Peth bach dibwys oedd methu adnabod hen wraig wedi goroesi ei dyddiau gorau. Nid oedd yr un rheswm dros ei hanes-mwythder.

Cafodd yr un teimlad o siom, o gael ei gadael i lawr, rhyw bythefnos ynghynt. Gwelodd hysbyseb yn y papur fod un o siopau ffasiwn drud y dref ar fin cau. Pan gafodd ddiwrnod rhydd i fynd yno, gwelodd ei bod yn rhy hwyr. Gwacter oedd y tu ôl i wydr y ffenest oedd eisoes wedi colli ei sglein. Teimlai yn siomedig, fel pe bai rhywun wedi dweud anwiredd wrthi. Ond doedd neb wedi dweud y byddai'r siop yn parhau yn agored er ei mwyn. Y siom mwyaf oedd gweld y ffenest, a arferai fod yn lliwgar ddeniadol ac yn llawn bywyd, mor wag. Felly oedd llygaid yr hen wraig yma o'i blaen. Efallai y cofiai pwy ydoedd erbyn y tro nesaf y deuai yma . . . os y buasai'r hen wraig yn dal ar dir y byw. Roedd bywyd syml a hapus Penrhiw mor bell yn ôl.

Doedd dim pwynt gofyn i'w thad pwy oedd y wraig; wyddai o ddim pwy oedd o'i hun, heb sôn am gofio rhywun arall, hyd yn oed ei ferched ei hun. Eto teimlai rhyw euogrwydd na allai mo'i ddeall. Pam ddylai hi deimlo felly? Doedd dim disgwyl iddi gofio rhyw hen wraig ddinod o'r gorffennol. Ond roedd yn rhaid iddi ddiddymu yr euogrwydd ac esmwytho ei chydwybod, a'r unig ffordd y gallai feddwl am wneud hynny oedd trwy roi ei llaw yn ei phoced. Roedd y Nadolig yn nesáu, gallai brynu rhywbeth i bob un o drigolion y Cartref. Byddai hynny yn weithred dda, ac yn sicr o leddfu ei chydwybod. Fyddai dim rhaid iddi ddod yma tan y gwanwyn wedyn, a byddai'r tywydd erbyn hynny yn brafiach i drafeilio'r hanner can milltir blin. Gallasai yn hawdd fforddio rhywbeth bach iddynt i gyd.

Gadawodd yr hen wraig ac aeth i ymuno â'i chwaer wrth gadair ei thad.

'Dw i newydd sylweddoli,' meddai wrth Enid. 'Does ond chwe wythnos tan 'Dolig. Well i ni ga'l rhw'bath i hwn, decini. Sgin ti syniad be gawn ni? Fe stopia i yn y dre rŵan wrth fynd adre' a mi drefna i i r'wbath gael ei anfon yma iddyn nhw.'

Dyna! Roedd wedi trefnu heddwch i'w chydwybod heb orfod gwneud llawer o ymdrech. Roedd hi'n filwaith haws arwyddo siec na rhoi amser i hwlc gwag o gorff di-bwrpas. Edrychai ymlaen at fynd i syllu i ffenestri lliwgar llawn y siopau mawrion.

Wedi i Elin ei gadael, parhâi Martha i syllu'n ddi-weld ar ddail gwyw coed yr ardd yn syrthio o un i un.

BETHAN

Methai Beryl yn lân â setlo i lawr i gysgu. Wrth ei hochr, anadlai Leslie'n rheolaidd mewn trwmgwsg.

Ddyliwn i ddim bod wedi yfed cymaint o goffi, meddyliodd. Ddyliwn i fod wedi cysidro. Alla i byth gysgu'n iawn mewn lle diarth beth bynnag, ond mae'r coffi wedi gwneud pethau'n waeth. 'Sdim ots, dw i'n cael gorffwys, er bod golau'r stryd yn gwneud y lle bron fel dydd. Fe fydd digon o gyffro fory i wneud i mi anghofio am gysgu.

Cododd i'r ffenest. Tywynai golau'r stryd yn felyn llachar ar y palmant gwlyb oddi tani. Wrth glustfeinio, gallai glywed murmur isel y ffrwd drafnidiaeth ddiddiwedd ar y drafffordd nepell i ffwrdd. Gan mor llachar oedd golau'r lampau cyfagos, ni allai weld a oedd yr awyr yn serog ai peidio. Mor wahanol oedd yr olygfa yma i'w golygfa wledig arferol. Cysgai'r dref yn dawel a disymud. Adeiladau a welai i bob cyfeiriad, yn dai, siopau, swyddfeydd. Cadwai pob un ei gyfrinachau dan glo nes gwawriai trannoeth.

'Mae'n debyg fod newid yn chênj,' meddai gan ddyfnnu un o hoff ddywediadau ei nain. 'Er mor foethus ydy'r gwesty yma, faswn i ddim yn rhoi'r byd am ei newid o am adra. Does unman yn dlysach na Sir Fôn efo mynyddoedd Eryri yn gefndir ar un llaw a glas y môr yn disgleirio ar yr ochr arall. Faswn i byth yn lecio byw mewn dinas fel hyn, yn olau drwy'r nos a dim ond adeiladau i'w gweld i bob cyfeiriad. Does ryfedd yn y byd fod y bobl yn gwirioni pan ddôn nhw i'r wlad. Faswn i ddim yn lecio eu bywyd nhw er cymaint o gyfleusterau sydd yn y trefydd.'

Parhâi Leslie i gysgu'n dawel. Edrychodd Beryl arno'n famol. Gwenodd yn dawel: edrychai fel plentyn diniwed, yn hollol hapus a bodlon ei fyd.

'Gwna'n fawr o dy gwsg tra gelli di,' sibrydodd. 'Fe ddaw yr awr pan na ddichon neb gysgu.' Rargian! O lle ddaeth y frawddeg yna? Roedd rhyw dinc Beiblaidd iddi. Wel, fe ddefnyddiai yr *en suite*, gwneud yn fawr o'r *facilities* tra galla i.

Gwthiodd ddrws yr ystafell ymolchi ac aeth i mewn. Agorodd gil y ffenest i geisio gweld allan. Yma eto, yng nghefn y gwesty, dim ond gwlybaniaeth toeau dirifedi a welai.

Mae'r gwesty yma'n eitha lle i aros, meddyliodd. Bwyd da iawn, ystafell gysurus a'r *en suite*. Dewcs, roedd gan Auntie Jayne fyd pan oedd Bianca yn cael ei *en suite*. Gweithiai rhywbeth am yr *en suite* i mewn i bob sgwrs . . .

'*Bianca is thinking of having an en suite*,' oedd y dechrau. Wedyn, '*Bianca is having an en suite*'. Ac ymlaen drwy bob dat-blygiad, o ddewis y toiled a'r tapiau i ddewis y teils a'r tyweli. Oedd, roedd yr *en suite* wedi mynd yn fwy na thipyn o jôc gan y teulu.

Diolch am y bathrwm preifat. Faswn i ddim yn lecio parêdio o gwmpas coridorau'r lle yma berfedd nos. Efallai y galla i gysgu dipyn rŵan, meddyliodd.

Aeth yn ôl i'r llofft. Yno, yn eistedd ar y llawr yn ymyl y gwely, roedd merch fach.

'Beth wyt ti'n wneud yn y fan hyn?' sibrydodd Beryl. 'Dim yn y llofft yma wyt ti i fod. Wyt ti'n gwybod ym mha ystafell mae Mam a Dad? A i â thi yno.'

'Wedi dod atoch chi ydw i.' Atebodd yr un fach heb godi ei golwg oddi ar y ddol glwt oedd ganddi ar ei glin.

'Ataf fi? Ond mae'n berfeddion nos. Yli, dos yn ôl i dy wely, a mi gawn ni siarad yn y bore, ia?'

'Fydda i ddim yma yn y bore.'

Na fyddi, gobeithio, meddyliodd Beryl. Beth fuasai rhieni'r un fach yn ei ddweud pe baent yn gwybod ei bod yn crwydro y llofftydd yn y nos? Ceisiodd Beryl ei gorau i gofio pwy oedd y ferch. Roedd wedi cyfarfod cymaint o deulu Non yn y parti neithiwr. Adwaenai rai ohonynt eisoes, ond roedd eraill yn ddiarth. Ceisiodd gofio'r plant, ond ni allai yn ei byw â dwyn i gof ferch fach tua wyth oed, gyda gwallt tywyll hir fel llen dros ei hysgwyddau.

Efallai ei bod yn gwisgo ei gwallt yn wahanol yn y parti neithiwr, meddyliodd. Ond ni allai gofio am ferch o'r maint yma yn dawnsio ymhlith y plant neithiwr. Posib ei bod yn edrych yn wahanol yn ei choban, meddyliodd.

'Beth oeddet ti'n wisgo neithiwr?' gofynnodd Beryl.

'Fel hyn o'n i siŵr,' atebodd yr eneth.

'Ia, neithiwr. Beth oedd gen ti amdanat ddoe?' Syllodd y ferch i fyw ei llygaid heb ddweud dim. 'Dw i'n meddwl y basa'n well i ti fynd i dy lofft dy hun rŵan,' meddai Beryl. Teimlai yn anesmwyth. Parhâi'r ferch i blethu ac ailblethu gwallt y ddol.

'Mae Bethan yn dod ataf i,' meddai.

'Does neb yn dod atat ti yma. Dos i dy lofft dy hun. Dw i isio mynd i 'ngwely i gysgu. Mae'n hwyr, ac mae'r briodas fory. Fe fydd yn rhaid i ti godi'n gynnar i wneud dy hun yn barod.' Teimlai Beryl y gallasai gysgu bellach, ond fod y ferch ddiarth mor ddisymud. Beth oedd haru'r plentyn mor ddigywilydd? Doedd Beryl ddim eisiau bod yn gas gyda hi, ond roedd yn hen bryd iddi fynd yn ôl i'w llofft ei hun.

'Tyrd,' meddai gan agor y drws yn dawel. 'Dos yn ôl i dy lofft. Nos da.'

Cododd y ferch yn araf, a cherddodd tua'r drws fel pe bai yn gwneud hynny; yn erbyn ei hewyllys. Ocheneidiodd Beryl mewn rhyddhad. 'O'r diwedd!' meddai.

'Wyt ti'n gwybod ym mha lofft . . .' dechreuodd. Edrychodd y plentyn arni gyda llygaid tywyll.

'Am gwestiwn dwl,' meddai. Gwyliodd Beryl y plentyn yn mynd allan i'r coridor a dringo'r grisiau yn y pen draw. Trodd yn ôl i'r llofft ac aeth i'w gwely i gysgu'r ychydig oedd yn weddill o'r noson.

Trannoeth, Leslie oedd y cyntaf i ddeffro. Aeth at y ffenest, ac wedi agor y llenni ac edrych allan, meddai:

'Dyma i ti olygfa! Dim byd ond adeiladau am y gweli di.'

'Mmmm?' Trodd Beryl drosodd gan ymestyn ar draws y gwely i gyd. 'Faint o'r gloch ydy hi?' gofynnodd, a heb aros am ateb aeth ymlaen. 'Chysgais i fawr ddim neithiwr. Daeth rhyw hogan fach yma. Alla i ddim dweud ei bod yn bowld, ond eto, roedd hi'n ddisymud. Roedd . . .'

'Dod yma? I mewn i'n llofft ni?' cododd llais Leslie i wich o anghrediniaeth. 'I be' oeddat ti'n gadael iddi ddod i mewn? Doedd ganddi ddim busnes . . .'

'Wnes i ddim gadael iddi ddod i mewn! Fe ddaeth tra oeddwn i yn y lle chwech. Hitia befo rŵan. Rhaid i ni frysio neu fyddan ni yn rhy hwyr i frecwast.'

'Dim ond panad ydw i isio. Fe fwytais lot gormod yn y parti neithiwr . . .'

'Ac yfed . . .'

'Doeddwn i ddim yn gyrru, yn nag oeddwn? Felly roeddwn i'n iawn.' Gobeithiai Leslie nad oedd Beryl am ddechrau cega am ei yfed eto. Roedd y cyfnod hwnnw yn ei hanes wedi mynd heibio, ac roedd ganddo hawl i gael hwyl mewn parti yn awr ac yn y man. 'P'run bynnag,' ychwanegodd, 'nid pob dydd mae nith rhywun yn priodi. Dim ond un nith sydd gen i wedi'r cwbwl.'

Aeth i'r ystafell ymolchi, a chlywodd Beryl sŵn y gawod yn rhedeg.

Ym mhrysurdeb y gwisgo a'r paratoi anghofiodd Leslie am ymwelydd y nos. Ond o bryd i'w gilydd yn ystod y dydd cofiai Beryl am y ferch fach yn ei choban yn chwarae gyda'i doli glwt.

Gwyliodd Beryl y gwesteion yn dod i mewn i'r eglwys, ac yn cymryd eu lle, rhai ar yr ochr chwith, eraill ar y dde. Roedd nifer o blant o bob oedran yno, ond nid oedd yr un o'r merched bach gyda gwallt hir a llygaid tywyll.

'Efallai mai merch y gwesty oedd hi,' meddai wrth Leslie. 'Yn bendant, dydy hi ddim yma.'

'Gwna'n siŵr dy fod yn cloi y drws heno. Hen beth cas ydy plant busneslyd.'

.   .   .

Gwrandawai Beryl ar anadlu trwm rheolaidd Leslie. Roedd yn gysurus, a theimlai ei hun yn llithro i gwsg hyfryd. Cyffyrddodd rhywbeth â'i braich.

'Mae Bethan yn dod ataf fi,' meddai'r ferch fu yno'r noson cynt. Daliai ddoli glwt yn ei llaw.

'Sut ddoist ti i mewn?' holodd Beryl. Teimlai yn flin fod y ferch wedi dod eto i darfu ar eu preifatrwydd. 'Does gen ti ddim hawl . . .!'

'Dod i nôl Bethan ydw i. Mae hi yn dod ataf fi. Dw i i fod i edrych ar ei hôl.' Siaradai'r eneth yn dawel a phwyllog, fel oedolyn yn ceisio egluro rhywbeth i blentyn na allai ddeall.

'Does yna neb o'r enw Bethan yma,' meddai Beryl, yr un mor bwyllog. 'Mae arna i ofn dy fod wedi camgymryd . . .'

'Chi sydd ddim yn deall,' meddai'r ferch yn dawel. 'Dw i i fod i fynd â Bethan efo fi . . .'

'Does yna ddim Bethan . . . Yli, dos yn ôl i dy wely. Dw i'n meddwl mai wedi breuddwydio wyt ti.' Agorodd Beryl y drws i geisio hebrwng yr eneth allan.

'Fyddwch chi'n deall fory,' meddai'r eneth. 'Bethan ydy hi. Mae hi'n dod efo fi.'

'Nos da. Dos i gysgu'n hogan dda,' meddai Beryl. Rhedodd y ferch allan gan dynnu'r drws ar ei hôl. Caeodd yn glep. Neidiodd Leslie ar ei eistedd.

'Be andros . . .?' Er bod golau'r stryd yn taflu ei lewyrch i'r ystafell, tynnodd y swits wrth ben y gwely i roi'r golau llawn ymlaen. 'Be oedd y glec yna?' holodd yn wyllt.

'Y drws yn clepian. Ddaeth hi yma eto . . .'

'Wel diolch i'r drefn ein bod yn mynd adra heddiw. Fe fydda i'n cwyno wrth reolwr y lle yma yn y bore. Ddylai neb, plentyn neu beidio, ddod i ystafelloedd y gwesteion.'

'Mae wedi mynd rŵan. Dydw i ddim yn meddwl y daw yn ei hôl. Gad i ni fynd i gysgu,' meddai Beryl. 'Dw i jest â marw isio cysgu.'

'Ond i ddod i mewn fel yna! Ddylet ti ddim ei swcro hi.'

'Wnes i ddim! Dod yma ei hun wnaeth hi. Yli, dos i gysgu,' meddai Beryl yn flinedig. Doedd hi ddim eisiau sesiwn arall o daeru gyda Leslie. Hyd yn hyn, roedd o wedi bihafio yn iawn. Do, fe yfodd dipyn yn y parti gyda'i deulu. Doedd o ddim yn gyrru wedi'r cwbl, ac fe gadwodd yn gymhedrol yn y brecwast priodas. Roedd wedi meistroli ei wendid erbyn hyn, a dim ond yn achlysurol y cyffyrddai ddiod a hynny ond pan fyddai Beryl gydag o yn cadw llygad arno o hirbell heb ymddangos ei bod yn ei wylio.

Trannoeth aeth Leslie i chwilio am reolwr y gwesty cyn mynd am ei frecwast, gan adael Beryl i bacio eu dillad a thacluso yr ystafell.

Rhythodd y rheolwr ar Leslie pan glywodd am yr ymwelydd nosweithiol.

'Gwallt hir syth?' holodd. 'Llygaid tywyll? Na, does yna ddim plentyn fel yna yn aros yma.'

70

'**Byw** yma, efallai?' synhwyrai Leslie fod y rheolwr yn teimlo yn anesmwyth. Euogrwydd am beidio cadw gwell cytow ar ei blentyn, meddyliodd.

Bu'r teulu cyfan yn ailfyw y parti a'r briodas yn hwyr i'r bore. Rhai yn cyfnewid cyfeiriadau, eraill yn tynnu lluniau ei gilydd i ddarfod ffilm ac i gael cofnod diweddar o'r plant a'r wyrion. O'r diwedd daeth yr amser i bawb wasgaru am eu cartrefi gan adael addewidion o anfon lluniau a llythyrau at ei gilydd, a pheidio cadw'n ddiarth.

'Wnest ti fwynhau dy hun?' holodd Beryl pan oeddynt ar eu ffordd adref.

'Do wir, diolch. Mae'n braf gweld pawb o'r teulu ar achlysur hapus. Rydan ni'n cael mwy o angladdau na phriodasau.'

'Rwyt ti'n iawn,' ategodd Beryl. 'Roeddwn i wrth fy modd fod dy deulu di yn gweld dy fod wedi profi dy hun. Roedd pawb yn dweud eu bod yn disgwyl gwahoddiad i'r bedydd.'

'Disgwyl fyddan nhw! Alla i ddim fforddio parti i'r treib i gyd.'

'Mi fasa yn neis cael rhai yno, Anti Siw, efallai, a Iwan . . .'

'Gawn ni weld.'

Bu distawrwydd cytûn rhyngddynt am hir. Edrychodd Leslie drwy gil ei lygad ar Beryl.

'Wyt ti'n iawn? Rwyt ti'n dawel iawn.'

'I ddweud y gwir, dydw i ddim. Os gweli di arwydd 'Toiled' yn rhywle, wnei di stopio, plîs?'

Ymhen ychydig, gofynnodd Beryl i Leslie stopio'r car.

'Dydw i ddim yn teimlo'n iawn o gwbl,' meddai. 'Mae gen i andros o boenau.'

'Yn dy fol?' holodd Leslie yn bryderus. 'Wyt ti'n meddwl . . .?'

'Na, mae'r babi'n iawn. Wedi bwyta rwbath ydw i, mae'n siŵr.'

Daeth Leslie at gilfach hwylus i stopio'r car. Trodd at Beryl,

'Sut wyt ti'n teimlo?' holodd yn bryderus. Edrychai Beryl yn welw, a gloywai dafnau chwys ar ei thalcen.

'Rwyt ti'n bell o fod yn iawn!' meddai. 'Gwranda. Rydan ni bron â chyrraedd Bangor. Dw i'n mynd â chdi i Ysbyty Gwynedd. Mae 'na rwbath yn bod go iawn arnat ti.'

Er y gofal brys ardderchog a gafodd Beryl, colli'r babi a wnaeth.

Agorodd Beryl ei llygaid yn flinedig a gwelodd yr un ferch fach yn sefyll yn ei hymyl.

'Fe ofala i am Bethan,' meddai cyn diflannu drwy'r drws.

NOS WENER

'Iawn, iawn, iawn!' meddai Mandy yn ddiamynedd. Roedd wedi cael yr un bregeth droeon gan ei mam.

'Ia, ond mae'n rhaid i ti . . .' ceisiodd Beth ei gorau i ofalu bod Mandy yn ymwybodol o'r peryglon a'i hwynebai. Ofnai drwy'i chalon i'w merch gwympo i'r un picil ag y gwnaeth hi ei hun.

'OL REIT!' Clepiodd Mandy ddrws y fflat ar ei hôl a thip tapio ar ei sodlau main ar hyd y feranda cyn rhedeg clipiti-clip i lawr y grisiau concrid. Fel yna oedd ei mam; swnian byth a hefyd. Os oedd hi wedi cael plentyn siawns, wel, ei bai hi oedd hynny. Mae yna'r fath betha' â chondoms ar gael, ac roeddynt yn bownd o fod ar gael bymtheng mlynedd yn ôl. Cwyno a swnian wnâi ei mam byth a beunydd, meddyliodd Mandy wrth deimlo yn ei phoced i wneud yn siŵr bod allwedd y drws ganddi; byddai'n goblyn o beth pe bai'n rhaid deffro ei mam i ddod i agor y drws iddi. Fuasai hi ond yn cwyno am ei bod yn dod adref mor hwyr. Cwyno oedd arbenigedd Mam. Yr unig sgwrs fyddai ganddi oedd cwyno bod gan Mandy ormod o golur, bod ei gwallt yn anaddas, ei sgert yn rhy gwta, neu ei *jeans* yn rhy dynn. Cwynai am unrhyw beth a phob peth – rhywbeth cyn belled â'i bod yn cael beirniadu.

Ond wedi misoedd o glywed y cwynion, roedd Mandy wedi dysgu eu hanwybyddu ac wedi dod i gytundeb hapus iawn gyda'i ffrind gorau. Cychwynnai o'i thŷ ei hun yn weddol gymhedrol ei gwisg, i roi taw ar fythol gwynion ei mam. Ond wedi cyrraedd tŷ Tracy, fel y glöyn yn dod allan o'i chwiler, trawsnewidid hi yn ferch ifanc ddeniadol a basiai am ddeunaw oed yn hawdd iawn.

Roedd Tracy yn lwcus. Fyddai ei mam hi byth yn hefru a swnian – i'r gwrthwyneb, byddai yn helpu y ddwy ohonynt i edrych eu gorau ac i wneud yn siŵr eu bod yn mwynhau eu hunain. Fyddai yn ddim ganddi hi neu unrhyw un o *uncles* niferus Tracy brynu diod iddynt ym mar y *Vic*. Mynnai i Mandy ei galw yn 'Heather' gan anghofio'r *'Auntie'* a wnâi iddi deimlo'n gant oed. Hi roddodd y sandalau strapiog yma i Mandy: roeddynt yn rhy fawr i Tracy a'u gwadnau tenau yn rhy boenus i gyrn Heather.

'Gwisga nhw, cariad,' meddai Heather. 'Maen nhw'n gwneud dy goesau di edrych yn hirach, yn enwedig os agori di'r *slit* yna'n uwch. A thro dy sgert rownd fel bod y *slit* ar ochor dy goes.'

'Fasa Mam yn fy lladd . . .'

'Yli, Del.' Doedd Heather ddim isio i neb o'i chydnabod weld ei merch yn ffrindiau gyda *frump*. 'Dydy Mami ddim yn dy weld yn y fan hyn. *What the eye doth not see . . .*' Rhoddodd ei bys ar ochr ei thrwyn yn awgrymog. 'Mae'n iawn i chi'ch dwy gael *good time.*'

Cyflymodd calon Mandy. Teimlai yn freintiedig fod Heather yn cymryd y fath ddiddordeb ynddi, ac yn ei thrin fel oedolyn soffistigedig. Fasa hi ddim yn gallu rhoi colur mor gelfydd oni bai bod Heather wedi ei dysgu. Fasa hi ddim chwaith wedi profi diodydd fel *Taboo*, *Mirage* a *Malibu*, oni bai am Heather a'i amryw ffrindiau. Ond y peth gorau o ddigon oedd fod Heather yn caniatáu i Tracy a hithau smocio. Gyda sigarét yn ei llaw teimlai Mandy yn wironeddol secsi a deniadol.

Cafodd gryn drafferth i ddarbwyllo ei mam mai arogl mwg sigaréts pobl eraill oedd ar ei dillad pan ddeuai adref o 'noson gwis'. Derbyniai Beth fod cwis tafarn yn boblogaidd gyda'r bobl ifainc, a chan fod cwis bob amser yn gwella'r meddwl a hogi'r ymennydd, peth da oedd i Mandy a Tracy fynd i geisio lledaenu eu gwybodaeth. Gofidiai Beth nad mewn festri capel neu neuadd bentref y cynhaliwyd y nosweithiau cwis.

'Mae Steve a fi am fynd i'r *Indian* am cyri,' meddai Heather wedi i Mandy droi o fod yn 'ferch Beth' i fod yn 'ffrind Tracy.' 'Pam nad ewch chi'ch dwy i'r *Blue* . . .?'

'Y *Blue* . . .?' rhythodd Mandy. Roedd hwnnw'n glwb nos drud. Allasai hi fyth fforddio i fynd i fanno.

Sylwodd Steve ar ei phryder.

'Dim y *Blue Lagoon* yn y dref. Wyt ti ddim wedi clywed am y *Blue Rose*? Clwb newydd i bobl ifainc yn seler y *Queen's Head*. Maen nhw'n gwneud discos yno bob nos Wener.' Buasai'n filwaith gwell ganddo pe na bai'r ferch yma yn dilyn Tracy fel rhyw gi bach. Roedd yn boendod yma o hyd; buasai y tri ohonynt yn cael llawer mwy o hwyl, hwyl go iawn, pe na bai hon yma fel rhyw gwsberan, ac ar yr adegau hynny pan na fyddai Heather adref, pwy a ŵyr pa hwyl y gallai o a Tracy ei gael ar eu pennau eu hunain? Trodd at Tracy,

'Maen nhw'n cau am un. Ddown ni heibio i chi i chi gael lifft adra. Felly paid â mynd adre hefo neb nes down ni. Iawn, *Princess*?' meddai gan roi pinsiad iddi yn ei phen ôl.

Dilynodd Mandy ei ffrind i lawr y grisiau culion i grombil tywyll a swnllyd seler y *Queen's Head*. 'Dyma beth ydy BYW,' meddyliodd wrth dynnu ei sgert gwta i fyny i allu rhoi ei phen ôl ar ymyl stôl uchel wrth y bar. Archebodd y ddwy eu diodydd, a thanio sigarét gan chwythu'r mwg yn golofn las, hir yn union fel y ferch gwallt du honno yn hysbyseb un o'r gwirodydd.

Llanwodd Mandy ei hysgyfaint â'r mwg swnllyd. Roedd yn teimlo ar ben ei digon.

Wedi iddynt fod yn dawnsio am beth amser, dechreuodd

Tracy edrych ar ei wats a synhwyrodd Mandy ei bod ar bigau'r drain.

'Be' sy'n bod, Trace?' holodd. 'Sgin ti gynrhon yn dy din? Mae 'na oriau eto nes bydd yn amser i Steve ddod.'

'Dydy ddiawl o bwys gen i am Steve . . . Disgwyl rhywun arall ydw i.'

'Wel y g'nawas dan din! Ddeudes di ddim bod gen ti *date*. Pwy ydy o?'

'Does gen i ddim *date*. Dim *date* go iawn. Disgwyl gweld Danny ydw i.'

'Danny? Danny?' Cododd llais Mandy mewn anghrediniaeth. 'Wyt ti'n deud dy fod yn mynd i g'warfod Danny? Danny Dym-Dyms?'

'Mae 'rhen Danny yn iawn. Paid ti â phoeni . . .'

'Ond dydy o ddim yn . . .'

'Mae o'n berffaith iawn yn y lle sy'n cyfri.' A dechreuodd Tracy chwerthin yn afreolus. 'I ti gael gw'bod . . . ond dim gair wrth neb, ti'n dallt? Dim gair wrth ddiawl o neb, ne' mi ladda i di. Ma' Danny yn gallu ca'l un ne' ddau o betha' i mi, a dw i'n g'neud rhyw ffafr fach iddo fo. So, mi ydan ni'n dallt yn gilydd . . .'

'Ffafr? Pa fath o ffafr? Dwyt ti ddim yn . . .'

'Does mo'i well o! Mae'r hen Dym-Dyms yn uffar o foi mawr *in all the right places*. Ar y gair! Wela i chdi yn y fan yma ymhen rhyw hanner awr.'

Gwyliodd Mandy ben Tracy yn gweu ei ffordd drwy'r haid o gyrff chwyslyd aflonydd. Doedd arni hi ddim awydd mynd ar y llawr dawnsio ar ei phen ei hun, ac aeth at y bar i nôl diod. Corddai rhyw gyffro yn ei gwythiennau. Feddyliodd hi erioed fod Tracy yn ymhel â dynion yn y ffordd yna, a Danny Dym-Dyms o bawb! Allai hi ddim dygymod â'r syniad. Roedd wedi credu mai celwydd gwag oedd y storïau am ddynion.

Dywedodd Tracy y peth mor foel, mor ddifater, rhywsut. Teimlai Mandy mai diod gadarn oedd yr unig beth i setlo ei nerfau wedi'r fath ddatguddiad.

.   .   .

Agorodd Danny y drws i Kevin.

'Dyna chdi, boi,' meddai. 'Enjoia dy hun. Gin ti ddigon o bres, yn does? Fydda i'n ôl toc.'

'Ga i ddod efo . . .'

'Ddim tro yma. Rwyt ti wedi ca'l gweld digon am un noson. Ond cofia! Dim gair wrth Mr Philips.'

'Iawn,' meddai Kevin yn ufudd. 'Dim gair wrth Mr Philips . . . ond mae o'n gw'bod yn tydi?'

'Ydy, siŵr, Kev. Ne fasa fo ddim yn gada'l i ti ddwad, yn na fasa?'

Sylwodd Danny ar Tracy yn gweu ei ffordd tuag ato.

'Dos i nôl diod, Kev. Mae 'na bisin bach handi yn disgw'l amdanat ti wrth y bar. Fydda i ddim yn hir. Wela i chdi yn fa'ma yn y munud. Enjoia dy hun.' Diflannodd Danny gan adael i Kevin rythu ar ryw ferch gwallt golau yn siglo'i thin i guriad y miwsig. Gwyliodd ei throwsus lledr tynn yn newid ei liw o goch i wyn i las fel y taflai'r golau ei lewyrch amryliw ar ei chluniau sgleiniog. Ond roedd Danny wedi dweud wrtho am nôl diod, ac roedd yn rhaid ufuddhau i Danny.

Am ei fod wedi bod yn hogyn da i Mr Philips yr oedd Kevin wedi cael dod allan gyda Danny. Roedd Danny'n glyfar. Roedd o'n cael mynd allan lot, yn cael mynd i *Safeways* i siopa ar ei ben ei hun, a heno, roedd o wedi bod yn yfed cwrw mewn tŷ tafarn diarth, hefo ryw ddynion oedd yn gwerthu rhywbeth. Sicret oedd y pacedi doedd Kevin ddim i fod i ddweud wrth neb, neu buasai yn sbwylio sypreis Mr Philips. Presant pen-blwydd oedd yn y bagiau bach meddai Danny.

Doedd Kevin erioed wedi cael noson fel heno. Roedd o wedi cael bod mewn lle newydd sbon, ac wedi bod yn yfed cwrw hefo dynion diarth, ac wedi bod yn gwylio Danny yn gwneud petha na welodd o erioed o'r blaen ond ar fideos.

'Gei di weld beth mae DYN yn gallu'i wneud Kev,' ddeudodd Danny. Ond roedd yn rhaid i Kevin fod yn ddistaw bach ac yn hollol lonydd y tu ôl i'r llenni. Roedd gwylio Danny yn bod yn ddyn efo rhywun arall yn llawer gwell na smalio bod yn ferch i Danny. Hen beth atgas oedd gorfod gorwedd ar ei fol a gadael i Danny wneud petha rhyfedd. Ond os oedd Danny yn dweud mai dyna oedd ordors Mr Philips, doedd ganddo ddim dewis ond ufuddhau.

Buasai Kevin wrth ei fodd yn cael bod yn ddyn fel Danny. Roedd Danny wedi addo y câi gyfle rhywbryd ond iddo fod yn hogyn da ac ufudd. Teimlai Kevin mai heno oedd y noson. Roedd o wedi bod yn hogyn da am hir; wedi cymryd ei dabledi i gyd bob dydd; wedi glanhau ystafell Danny bob dydd, ac wedi glanhau ei 'sgidia fo, hyd yn oed pan oedd Danny wedi sathru mewn baw ci. Rŵan roedd o wedi cael dod allan hefo Danny yn hwyr yn y nos.

Bu raid iddo gymryd rhyw dabled newydd gan Danny a'r dynion diarth. Doedd o erioed wedi cael un fel yna o'r blaen, ond Mr Philips oedd wedi gofyn i'r dynion ei rhoi hi iddo fo, meddai Danny. Dilynai Kevin sgwrs Danny a'r dynion yn ddigon da i ddeall bod gan Danny neges i'w rhoi i rywun yn y *Queen's Head*. Wedyn, roedd y ddau, Kevin a Danny, i ddychwelyd at y dynion iddyn nhw gael gweld a oedd y dabled newydd yn siwtio Kevin, ac efallai y byddai isio iddo gael un arall. Teimlai Kevin yn bwysig iawn am fod y dynion yn cymryd cymaint o sylw ohono.

'*Good lad, Kevin*,' meddai un o'r dynion diarth. '*You'll give us our money's worth, won't you!*' A gwasgodd y dyn Kevin mewn man tendar. Rhoddodd hynny rhyw deimlad cynhyrfus iawn i Kevin. Dim ond Danny oedd â hawl i afael ynddo yn y fan honno. Ond wnaeth Danny mo'i ffraeo. Roedd y dyn a Danny i'w gweld yn fêts.

Doedd Kevin ddim yn lecio'r golau'n newid ei liw a throi rownd a rownd, a mynd a dod. Ymlwybrodd at y bar. Dwedodd Danny wrtho am nôl diod. Eisteddodd ar stôl uchel. Dwedodd Danny hefyd fod 'na bisin yn aros amdano. Roedd yna ferch yma, ond doedd o ddim yn ei nabod. Ceisiodd edrych arni heb ymddangos fel pe bai yn rhythu; doedd Mr Philips ddim yn lecio i neb rythu ar bobl, doedd o ddim yn beth neis i'w wneud. Llithrodd ei lygaid o sawdl main y sandalau strapiog i fyny'r coesau hirion at hollt yn y sgert fach ddu. Teimlodd ei galon yn cyflymu a'i wddf yn mynd yn boeth, boeth. Sychodd gledrau ei ddwylo ar glun ei drowsus.

'Mae'n boeth yma, yn tydi?' meddai'r ferch.

Taflodd Kevin gipolwg dros ei ysgwydd. Doedd neb y tu ôl iddo, felly efo fo roedd hi'n siarad! Llyncodd ei boer. Roedd ei geg wedi mynd yn sych grimp.

'Ydy, boeth ddiaw . . . ofnadwy.' Jest mewn pryd! Roedd o wedi osgoi dweud gair drwg. Buasai Mr Philips yn falch ohono.

'Be' gymrwch chi?'

'Fi? I yfed?' Doedd yr un ferch erioed o'r blaen wedi cynnig diod iddo.

'Ia siŵr! Be leciech chi? *Lager*?' Doedd Mandy erioed wedi cynnig prynu diod i'r un bachgen o'r blaen chwaith. Ond roedd rhywbeth yn y bachgen yma yn gwneud iddi deimlo'n bwysig ac mewn rheolaeth o'r sefyllfa. Dyma gyfle iddi ddangos i Tracy ei bod hithau yn gwybod sut i fwynhau ei hun.

Wrth roi'r gwydryn iddo, gadawodd Mandy i'w dwylo gyffwrdd yn ddamweiniol. Collodd Kevin ychydig ddafnau o'r ddiod ar ei ben-glin.

'Mi sycha i o,' meddai Mandy, gan estyn pwt o hances o'i bag a rhwbio ei ben-glin yn ysgafn.

Llifodd y gwaed yn dew drwy wythiennau Kevin. Teimlodd ei gorff yn cynhesu a llanw o nerth newydd yn llifo drwyddo a churiadau cyflym ei galon yn tabyrddu yn ei lwynau. Sylwodd Mandy ar yr arwyddion. O wrando ar sibrydion giglaidd ei ffrindiau, gwyddai yn iawn beth oedd yn digwydd, ond dyma'r tro cyntaf iddi ei brofi ei hun. Dyma ei chyfle! Allai Tracy na neb arall ei chyhuddo o fod yn ddiniwed ar ôl heno.

Cylchodd ei llaw ei ben-glin, a rhwbiodd yn araf i fyny ei glun.

'Ydy'ch coes chi'n sych rŵan?' Boddwyd ei geiriau gan guriadau rhythmig y miwsig. Dyfalodd Kevin beth oedd ei chwestiwn, a nodiodd gan wthio ei ben-glin yn erbyn ei chlun. Llithrodd Mandy ychydig oddi ar ei stôl er mwyn gallu gwasgu yn ei erbyn yn well.

'Dawnsio? Fasech chi'n lecio dawnsio?' Hen dro na fuasai Tracy yno rŵan i weld mor aeddfed oedd hi. Gafaelodd yn llaw Kevin a'i arwain i ganol y cyrff aflonydd ar y llawr. Diolchai Kevin am y llaw i'w arwain; gwegiai ei goesau a chynhyrfai rhyw fath o aflonyddwch anniwall yn ei gorff. Wedi sefyll yn ysgwyd ei freichiau am dipyn, meddai,

'Mae'n boeth yma. Dw i awydd mynd allan am dipyn o awyr iach.'

Er na chlywodd Mandy ei eiriau oherwydd y sŵn, deallodd ddigon i wybod ei fod yn ei gwahodd i fynd allan. Roedd yn aros am hyn. Cymerodd law Kevin a'i gosod am ei chanol gan ei dal yn ei lle. Gobeithiai drwy'i henaid fod pawb yn gweld bod y dyn yma yn gafael yn dynn amdani.

Gobeithiai Kevin y deuai Danny yn ôl rŵan a'i weld gyda merch yn ei fraich. Roedd o am fynd â hi allan i'r gerddi yn y cefn, ac am brofi ei fod yn ddyn go iawn fel Danny. Roedd o'n gwybod yn iawn beth i'w wneud, diolch i Danny.

Llwyddodd i brofi'i hun, ond doedd y ferch yma, na wyddai mo'i henw, ddim wedi cydweithio fel y merched ar fideos Danny. Ar y dechrau, ymladdai yn ei erbyn, a chynhyrfai hynny Kevin fwyfwy. Bu raid iddo wasgu ei gwddf yn dynn i'w llonyddu. Peidiodd â'i rwystro wedyn ond roedd hi mor llonydd, doedd dim cyffro ynddi. Roedd o rŵan isio iddi hi ddod yn ôl i ddawnsio. Teimlai yn hapus tu hwnt, yn llawn asbri. Roedd o isio chwerthin! Isio dawnsio! Ond roedd y ferch yn llipa fel doli glwt. Ysgydwodd hi, tarodd hi ar ei grudd i geisio ei dadebru, ond gorweddai yn ddiymadferth ar y llawr. Y peth gorau i'w wneud oedd mynd i chwilio am Danny. Byddai yn sicr o fod wedi dod i chwilio amdano erbyn hyn. Byddai Danny yn gwybod beth i'w wneud. Buasai o yn gallu gwneud i'r ferch ufuddhau a bihafio ei hun.

.　.　.

Edrychodd Beth ar y cloc. Byddai'n oriau eto cyn i Mandy glician ei ffordd ar hyd y feranda. Roedd yn gwneud ei gorau i'w merch, doedd hi ddim yn ei chadw o dan ei bawd fel y ceisiodd ei mam hi wneud. Teimlai mor falch ohoni'i hun yn gadael i Mandy fynd allan ar nos Wener i fwynhau ei hun gyda'i ffrindiau. Aeth drwodd i'w hystafell wely a chau'r llenni ar sŵn traffig y nos a fflachiadau glas y gwasanaethau brys a ruthrai i gyfeiriad y dref.

ADUNIAD

Gwthiodd Gwen y drws yn agored a cherddodd i mewn i gynhesrwydd y caffi. Anadlodd yn ddwfn, a daeth gwên ddiannog i'w gwefusau. Roedd arogl y coffi yr un mor hudolus groesawgar ag y bu erioed, yn darogan cynhesrwydd, cysur a boddhad. Dyma'r arogl fu'n aros am flynyddoedd yn ei chôf. Arogl y cawsai adlais gogleisiol byrhoedlog ohono unwaith mewn tŷ bwyta yn Rhufain.

Cofiodd fel y safodd yn stond yn y drws – mor stond nes i Luigi daro yn ei herbyn. Allai o ddim deall pam y safodd mor annisgwyl a dirybudd, ac roedd o'n ddig wrthi am wneud iddo ymddangos yn anghwrtais. Luigi druan, oedd mor bropor, mor gywir ym mhob peth pan oedd rhywun yno i weld, ond mor ddieflig o hunanol a chreulon pan oeddynt ar eu pennau eu hunain.

Ond erbyn hyn, roedd ei chyfnod hi a Luigi wedi dod i ben. Er mor bleserus oedd moethusrwydd ffasiynol Rhufain, ac er mor braf oedd cael gofal tyner yn llygaid y cyhoedd, roedd ei hunanoldeb a'i greulondeb achlysurol wedi mynd yn fwy na'r cyfnodau pleserus nes i'r berthynas o'r diwedd ffrwydro. Wedi cyfnod tymhestlog, darfu popeth rhyngddynt a'r unig gynhesrwydd yn ei bywyd oedd haul tanbaid Rhufain.

Ond oer iawn yw gwres yr haul ar galon unig, waeth pa mor gorfforol boeth ydy'r tymheredd. Sylweddolodd Gwen fod haul llugoer Cymru a chymdeithas hen ffrindiau yn gynhesach ac yn fwy deniadol na gwres Rhufain, a dechreuodd feddwl am ddychwelyd at ei gwreiddiau. Bu'n pendroni'n hir, yn cynllunio a chynllwynio. Dechreuodd werthu un neu ddau o'r gemau drudfawr a gawsai fel cragen heddwch yn awr ac yn y man. Gwerthu yn slei am lai na'u gwir werth er mwyn codi celc cyfrinachol o arian i ddianc. Ie, dianc fu ei bwriad un tro, ond arhosodd a phenderfynodd wneud pethau yn ffurfiol. Er mor greulon o galed oedd yr ysgariad, o leiaf roedd yn derfynol. Tua'r un adeg, bu farw Anti Nel gan adael ei bwthyn i Gwen. Wedi hynny, doedd dim amheuaeth o gyfeiriad ei llwybr.

Talodd am y coffi yn y caffi heb adnabod y ferch ifanc wrth y cownter. Ceisiodd weld rhywbeth cyfarwydd yn y llygaid gleision a'r gwallt crychiog. Ond merch ifanc oedd hi; dim ond plentyn fuasai hon cyn i Gwen adael i gychwyn ei gyrfa ar y Cyfandir.

Eisteddodd wrth y bwrdd ger y ffenest. Profodd y coffi. Roedd yn union fel y'i cofiai. Roedd y balm atgofus a ddychwelai i'w chof yn achlysurol wedi ei ymgorffori yma yn ddiod gynnes, foddhaus. Caeodd ei llygaid a gadael i flas y coffi ei harwain yn ôl i'w phlentyndod; i'r pnawniau Sadwrn hynny pan ddeuai Anti Nel a hi yma i gael coffi a chacen hufen ar yr esgus lleiaf o ddathlu rhywbeth neu'i gilydd. Pethau fel cael ei symiau yn gywir i gyd am wythnos gyfan, neu gael marc da am draethawd. Pethau bychain digon dibwys ar yr wyneb, ond a oedd hefyd yn anogaeth iddi wneud ei gorau yn yr ysgol.

Caeodd drws y caffi'n swnllyd, a throdd Gwen bron yn reddfol i gyfeiriad y sŵn.

O'r annwyl! Dydw i ddim isio gweld hon! Jane, myn cebyst i! Jane Clecs ei hun.

Trodd ei phen i edrych drwy'r ffenest gan weddïo na fuasai Jane yn ei hadnabod. Tybed oedd deng mlynedd yn Rhufain wedi newid digon arni iddi allu cuddio y tu ôl i fantell dieithrwch cyn i bawb sylweddoli ei bod wedi dychwelyd i'w henfro? Roedd yn edrych ymlaen at ailgydio mewn llinellau o gyfeillgarwch a'u plethu eto yn fywyd cymdeithasol hapus. Ond doedd Jane Bryant ddim ar ei rhestr o gyfeillion y dyheai am eu gweld.

Na, doedd ganddi ddim amser i'w roi i Jane Bryant. Jane, oedd mor hunangyfiawn. Oedd bob amser mor iawn ei hun, ac yn gweld ffaeleddau pawb arall. Pe bai unrhyw beth yn tarfu ar fywyd tawel digyffro Tre Llyn, Jane fyddai'r cyntaf i wybod amdano, a'r mwyaf brwdfrydig i ledaenu'r newyddion a gwneud yn siŵr bod pawb yn cael y manylion gwaethaf ac ar yr un pryd yn sylweddoli na fuasai Jane ei hun yn cymryd y byd am wneud rhywbeth tebyg.

Felly y byddai yn yr ysgol hefyd; byth a hefyd yn gweld plant eraill yn gwneud rhywbeth o'i le, ac yn cega wrth Miss. Cofiai Gwen yn dda am y diwrnod y collodd hi laeth am ben sgert newydd Mari Morris. Bai Jane oedd gwraidd yr helynt: hi wthiodd fraich Gwen ac wedyn rhedeg at Miss Roberts gyda'i stori.

'Plîs Miss, mae Gwen wedi tywallt llaeth dros sgert newydd Mari Morris.'

Doedd Miss Roberts ddim yn un am roi cyfle i neb achub ei gam. Gallasai Gwen glywed ei llais cwynfanllyd yn atsain eto yn ei chlustiau,

'O, Gwen Davies! Beth ddaeth dros eich pen i wneud y fath beth? Sgert newydd neis fel yna . . .' ac ymlaen ac ymlaen. Bron nad oedd llaw Gwen yn brifo rŵan wrth gofio'r llythyr o ymddiheuriad y bu raid iddi ei ysgrifennu i Mrs Morris, ac aros i mewn pob amser chwarae i ailysgrifennu'r llythyr nes ei fod yn berffaith. Gallai weld Jane yn gafael yn llaw Miss Roberts a dweud,

'Roedd Gwen yn ddrwg yn gneud hynna, yn doedd, Miss?

Faswn i byth yn gneud peth fel yna. Dw i'n ffrindia efo Mari . . .'

Ffrind digon gwael oedd hi i neb, meddyliodd Gwen. Doedd dim diben dweud cyfrinach wrthi, neu buasai wedi troi'r ffeithiau i gyd a'u plethu'n rhaff fuasai'n ddigon cryf i grogi unrhyw berson, pe bai gronyn o gyfle iddi hi ei hun ymddangos yn berffaith a dilychwin.

Dyna'r adeg aeth merch Mari 'i drwbwl'. Doedd cael mymryn o laeth ar ei sgert yn ddim byd o'i gymharu â'r loes a deimlodd o orfodi ei merch i briodi i geisio cadw ei pharchusrwydd. Gwrthododd fynd allan am wythnosau gan gymaint oedd ei chywilydd fod ei merch, oedd ond plentyn ysgol, wedi mynd i'r fath sefyllfa. Mor greulon oedd Jane yr adeg hynny! Mor ddilornus! Mor galed a milain yn croesi'r stryd i'r ochr arall pe gwelai Mari neu ei merch yn dod i'w chyfeiriad, yn troi ei chefn arni yn y siop, a gwrthod siarad â'r un o'r ddwy. Roedd cael sibrwd y sgandal dros baned o de yn fêl ar ei bysedd.

Yma, yn y caffi, y clywodd Gwen am YR HELBUL, fel y galwai Jane o. Ychydig cyn iddi fynd i'r Eidal am y tro cyntaf oedd hynny, a Jane ddaeth â'r newydd iddynt.

'Glywsoch chi?' Dyna'i geiriau cyntaf wrth iddi osod ei hun a'i bagiau siopa wrth y bwrdd.

'Gredwch chi ddim . . . Rhoswch i mi gael 'mhanad a mi ddeuda i wrthoch chi.' Cadw pawb i aros tra oedd yn cael y coffi a'i gario at y bwrdd. Setlo i eistedd fel brenhines yn cynnal seiat â'i chynghorwyr. Dwy lwyaid o siwgr i'r coffi a'i droi yn swnllyd am amser maith.

'Dw i wedi clwad o le da . . .' Roedd hi'n cael pob stori 'o le da', er y credai llawer mai ffrwyth ei dychymyg oedd y manylion mwyaf ffiaidd.

'Hogan Meri Morris . . .' Plethodd ei cheg, ac edrych yn awgrymog ar bob un yn ei thro.

'Yn wir i chi.' Nod awgrymog arall. 'Meddyliwch! A faint ydi'i hoed hi? Neith hi ddeunaw? 'Rhen jadan ynde? Ia, prin ddeunaw ydy hi. Mae dipyn yn hŷn na'r hogyn hyna 'cw. Ydy, dipyn go lew hefyd. Rŵan fydd o yn gadael 'rysgol. Ac mae o wedi gneud yn dda. Wedi cael swydd yn y ffatri. Yr offis. *White collar*.' Cipolwg rownd pawb i wneud yn siŵr eu bod yn gweld mor dda oedd o. 'Fydd o'n fanijar, gewch chi weld. Mae 'na ddigon yn 'i ben o, ond dydi o ddim isio mynd i Riwnifyrsiti. Am ennill 'i fara medda fo. Ddim isio bod yn fyrdwn . . . ' ac ymlaen ac ymlaen gan adeiladu llun o blentyn delfrydol. Un y buasai pob mam yn falch ohono. Dim gair am yr helynt dwyn ceir (cael bai ar gam ddaru o). Dim sôn am y cyfnod y'i gwaharddwyd o'r ysgol (y sgwlyn ddim yn deall plant arbennig o alluog).

Beth ydy hanes y bachgen erbyn hyn, tybed? meddyliodd Gwen. Tybed ddaru o lwyddo yn ei waith swyddfa? Tybed oedd o fel rhyw Ffenics wedi codi o ludw cartref difreintiedig i ddal rhyw swydd gyfrifol? Ynteu oedd o'n cynaeafu haeddiant ei weithredoedd mewn carchar yn rhywle?

Mentrodd Gwen giledrych i gyfeiriad y cownter lle'r oedd Jane yn talu am ei chwpanaid. Doedd Jane wedi newid fawr ddim ers pan welodd hi ddiwethaf er bod ei gwallt wedi britho tipyn a'i hwyneb yn dangos ôl treigl y blynyddoedd. Dyna un fantais oedd Gwen wedi ei gael: cawsai ofal colurwr medrus a thoreth o hylifau a hormonau i'w chadw'n ddigon golygus fel bod Luigi yn gallu ei dangos i'w gyfoedion fel rhyw wobr oedd ef yn ei haeddu.

Cododd Jane ei chwpan yn ofalus oddi ar y cownter, a throdd i edrych am fwrdd gwag. Roedd rhyw ferch ifanc ddiarth yn eistedd wrth ei bwrdd arferol. Roedd yn ei hatgoffa o rywun, ond pwy? Cyfarfu llygaid y ddwy. Gwenodd Gwen yn betrusgar. Allai hi ddim anwybyddu'r ddynes. Magodd ddigon o ddewrder i wenu, a dweud,

'Helo, Jane. Dwyt ti ddim yn f'adnabod . . .'

'Gwen!' Adnabu Jane lais Gwen, er nad oedd wedi ei hadnabod o'i gweld. Croesodd ati, ac eistedd gyferbyn â hi.

'Daen! Wel tawn ni byth . . . Dewcs, ti'n edrach yn dda hogan. Wyt, gythgiam o dda hefyd. Wel, mae hyn YN sypreis.' Gwelai Gwen groeso diffuant yn llygaid Jane. 'Yma am holides wyt ti? gofynnodd.

'Na, dw i wedi penderfynu dod 'nôl.'

'Be, ffor gwd, felly?'

'Ia. Dw i wedi ca'l digon ar Itali. Dw i wedi penderfynu aros yng Nghymru.'

'Wel! Alla i ddim dod dros y peth. Mae YN neis dy weld di. Faint sydd dwad? Chwe? Saith mlynadd?'

Roedd croeso Jane yn annisgwyl. Tywynnai cyfeillgarwch diffuant yn ei llygaid. Mor wahanol, meddyliodd Gwen, i'r tro diwethaf y gwelodd hi.

Cael galwad brys o'r ysbyty wnaeth Gwen: ei modryb yn wael iawn a'r doctoriaid yn meddwl ei bod ar ei gwely angau. Gwellodd yr hen wraig ymhen amser a bu fyw am rai blynyddoedd wedi hynny ac, er y pellter oedd rhyngddynt parhâi Gwen i gysylltu â hi yn ffyddlon. Treuliodd Gwen yr ychydig ddyddiau y bu yng Nghymru yr adeg hynny yn yr ysbyty gyda'i modryb, ond digwyddodd daro ar Jane Bryant ar un o goridorau'r ysbyty a swta iawn oedd cyfarchiad Jane y diwrnod hwnnw.

'O, wyt ti'n ôl, felly.'

'Dod i weld Modryb. Dydy hi ddim yn dda o gwbl.'

'Glywis i 'i bod hi wedi torri'n ofnadwy yn ddiweddar. Ond mae'n hen, yn tydi? Faint ydy hi? Wnaiff hi *eighty*?'

'Wyth deg pedwar.'

'Duwcs, hen bryd iddi gicio'r bwced felly. Chdi gaiff bopeth, decini?'

'Wel . . .'

''Sdim rhyfadd bod chdi'n dwad yr holl fordd felly, i wneud yn siŵr . . .'

Prysurodd Jane ymaith gan adael Gwen i syllu'n gegrwth ar ei hôl. Roedd geiriau Jane fel dyrnod i Gwen – yn waeth na phetai wedi ei tharo. Ar wahân i ryw gefnder pell yng Nghanada, Anti Nel oedd yr unig berthynas oedd ganddi. Roeddent wedi bod yn glòs iawn et ei gilydd erioed, ac roedd geiriau Jane wedi torri i'r byw a'u creulondeb wedi'i serio i'w hymennydd. Dyna syndod oedd clywed Jane rŵan yn holi mor addfwyn. Nid holi i fusnesa a chario clecs oedd hi, ond holi cynnes braf i gael clywed hynt a helynt hen ffrind.

Cynhesodd Gwen tuag ati, a heb sylweddoli beth oedd yn ei wneud cafodd ei hun yn adrodd i Jane am ei thorpriodas, ac am greulondeb Luigi. Teimlai ryddhad o gael bwrw allan ei gofidiau, a chafodd yn Jane wrandawr llawn cydymdeimlad a deallusrwydd o ofid.

Roedd dwy gwpanaid o goffi'n oeri ar y bwrdd, a chroen crychiog yn hel ar wyneb yr hylif. Gwthiodd Gwen ei chadair yn ôl, a chychwyn codi.

'Dyna ddigon o'm hanes i, Jane. Gwranda, a i i nôl coffi ffres i ni'n dwy, a gei di ddweud dy hanes di.'

'Na, gwranda, hogan. Rhaid i mi fynd i nôl Llŷr o'r ysgol. Hogyn Iona, 'sti.'

'Iona?'

'Y ferch ynte? Rwyt ti'n ei chofio hi siŵr!'

Oedd, roedd Gwen yn ei chofio fel merch haerllug iawn, mewn rhyw drybini byth a hefyd, a'i mam bob amser yn beio rhywun arall am ei harwain ar gyfeiliorn.

'Mae o newydd ddechra'n yr ysgol. Hefo fi mae o am 'i bod hi, Iona, i mewn.'

'Yn y 'sbyty? Mae'n ddrwg . . .'

'Duwcs na. I mewn. Jêl, te! Cael ei dal yn dwyn. Wedi ca'l 'i rhybuddio o'r blaen. Mae wedi gneud lot o fisdimanars ers pan mae hefo'r dyn yna. Fynta i mewn hefyd – GBH. Y ddiod ynte! Mae o'n barod iawn hefo'i ddyrna pan mae yn ei ddiod. Mae Iona'n dal efo fo, er ei fod o'n ei churo hi'n ddidrugaradd weithia. Eto, mae o'n gallu bod y peth ffeindia fyw hefyd.'

Teimlai Gwen fod tristwch dwfn aruthrol y tu ôl i eiriau Jane.

'Dewcs, mi trawodd o fi 'sti. Do, Tad! Yn gynddeiriog. Ond be wnei di'n te? On'd oedd Iona'n ferch i mi wedi'r cwbwl? Gymish i'r bychan i'w fagu o. Hen beth bach digon didraffarth fuo fo hefyd. Digon annwyl, beth bach. Mae o'n 'peini mawr i mi 'sti; ond dewcs! Mi fydda i'n blino hefyd, cofia. Tydw i ddim mor ifanc ag o'n i nag ydw? A'r holl helynt hefo'r hogyn acw! Roeddat ti i ffwr' 'toeddat? Dwyt ti ddim yn gwbod am yr helbul felly, yn nag wyt? Mae hwnnw wedi dwyn gwarth mawr arna i . . . Yli, tyrd acw heno . . . Fedri di? Ti'n cofio lle dw i'n byw yn dwyt? Tyrd acw heno, a mi gei di wbod y cyfan.'

Wyddai Gwen ddim yn iawn sut i ateb. Roedd nodyn mor drist yng ngwahoddiad Jane. Swniai mor unig. Bron nad oedd yn ymbil am gwmpeini.

'Dewcs, mi faswn yn falch o dy weld di. Baswn wir, gynddeiriog, hefyd. Yli, mae'r Jero bach yn mynd i'w wely at y saith yma. Tyrd draw wedyn. Fydda i'n falch o weld rhywun i gael sgwrs yn lle 'mod i fel rhyw adyn yna'n hun.'

Cododd Jane ei bag a safodd i gychwyn.

'Nefi! Sbïa'r amsar! Rhaid i mi frysio. Wela i chdi heno.'

Brysiodd allan yn llawn ffwdan. Gwenodd Gwen wrth ei gwylio'n mynd drwy'r drws. Roedd mwy o sioncrwydd yn ei chamrau nag oedd pan ddaeth i mewn. Trodd Jane cyn cau'r drws.

'Tan heno!' cododd ei llaw a brysio i lawr y stryd i gyfeiriad yr ysgol.

Efallai mai Jane Bryant oedd hi, ond roedd yn berson gwahanol iawn i'r un a adawaenai Gwen cyn mynd i ffwrdd.

CYMDOGION

'Cau dy blydi ceg ddiawl,' sgyrnygodd Brian wrth basio llidiart tŷ Hefina. Roedd wedi hen flino ar glywed cyfarthiadau uchel y mymryn ci pob tro yr âi heibio, boed ddydd neu nos.

'Na fo. Na fo, cariad, dim ond Brian sy' 'na,' meddai Hefina'n gysglyd.

Ond parhau i gyfarth a cheisio neidio am fwlyn y drws wnâi Ffi-Ffi. Am mai Brian oedd yna yr oedd hi'n cyfarth. Roedd wedi adnabod sŵn y lori'n dod i fyny'r rhiw ac, yn ei meddwl, wedi dilyn pob symudiad wnâi Brian wrth gadw'r lori ar ochr y ffordd, a'i diogelu am y nos. Doedd hi ddim eto wedi talu'r pwyth yn ôl iddo am y gic slei a gafodd y dydd o'r blaen, ac roedd yn ysu am gael ei chyfle.

Clywodd Ffi-Ffi glec y llidiart wrth i Brian ei thaflu'n agored, ac yna, wedi i ddrws y tŷ gau yr un mor swnllyd â'r llidiart, distewodd ei chyfarthiad. Câi gyfle eto ar ei fferau.

'Tyrd at Mami, cariad,' galwodd Hefina o'r llofft. 'Tyrd i gyci bei hefo Mami.' Roedd ffenest y llofft yn gilagored, ac os oedd ffenest gegin y drws nesa'n agored, gallasai Hefina, wrth glustfeinio, glywed ffrae arall. Cafodd ragflas yn gynharach, a gwyddai y cawsai adroddiad cwynfanllyd drannoeth. Ond doedd dim curo ar glywed y cyhuddiadau, y taeru a'r bygythiadau fel y digwyddent.

Rhedodd Ffi-Ffi i fyny'r grisiau, a llamodd i'r cynhesrwydd

dan y cwrlid. Eisteddai Mami wrth y ffenest â'i phen ar ogwydd, ond doedd gan Ffi-Ffi ddim diddordeb yn y lleisiau a glywai o hirbell. Doedd pethau fel 'swper yn barod ers saith'; 'byth yn mynd â fi allan'; 'addoli'r lori' yn golygu dim i'r pwdl. O'r diwedd, wedi clep ar ddrws yn y pellter, distewodd y lleisiau a daeth Mami i'w gwely i glosio ati a'i hanwesu.

'Pwy s'isio dyn, ynde, cariad?' meddai Hefina. 'Mae gen i ti, a mi wyt ti'n werth y byd i Mami, yn dwyt?' Anwesodd Hefina y clustiau meddal, cynnes, a rhedodd ei bysedd drwy gyrls tynn ysgwyddau'r ci. Ocheneidiodd Ffi-Ffi'n fodlon, a gwingodd yn glosiach i gôl Hefina i gysgu a breuddwydio am ffordd i ddial ar y gelyn drws nesaf.

Cloch y teliffon ddeffrodd Hefina drannoeth. Brysiodd i lawr y grisiau yn droednoeth i ateb yr alwad groch.

'Pwy sydd wedi . . . *Naughty girl*,' meddai wrth roi ei throed mewn pwll oer o wlybaniaeth wrth y drws ffrynt.

Er i'w thraed fod yn anghysurus o oer a gwlyb, ac er nad oedd ei choban winsiét yn ei chadw'n hollol glyd rhag y gwynt main a chwibanai drwy'r hollt llythyrau, siaradodd am hir gyda Doris, ei ffrind o'r dref. Wedi cyfnewid y clecs diweddaraf i gyd, trefnwyd bod Doris yn dod draw i de yn hwyrach yn y pnawn.

'Rhaid i ni 'neud te neis i Anti Do-Do,' meddai Hefina. 'Ond yn gyntaf rhaid i Mami sychu'r llawr ar ôl *Naughty Girl*.' Aeth ati i nôl cadach llawr, a sychodd pob pwll a welsai, heb gwyno dim am y pwll cynnes oedd ar lawr y gegin.

'Ffi-Ffi isio pi pi?' gofynnodd ymhen sbel. 'Dos allan i'r ardd cariad, a phaid â gneud sŵn i ddeffro Anti *Next Door*.' Ond roedd Anti Drws Nesa wedi hen godi, ac wedi gwneud diwrnod o waith drwy nerth ac ynni ei gwylltineb.

'Chredech chi ddim pryd ddaeth o adre neithiwr, Hefina,' meddai dros baned o goffi yn ddiweddarach. 'Roedd hi'n berfeddion. Yn berfeddion! Ro'n i wedi deud wrth fo 'mod i isio iddo fo fynd â fi i siopa, am 'i bod hi'n *late night*. Ond dyna fo! Ma petha wedi cyrraedd y pen draw rŵan. Hen hel esgusion na chaiff o ond dreifio hyn-a-hyn. Meddyliwch! Cymryd bwyd yn *Little Chef*, a finna'n aros lai nag awr o siwrnai . . .' ac ymlaen ac ymlaen gyda chwynion oedd yn hen gyfarwydd i Hefina. Ond moelodd ei chlustiau pan glywodd Non yn dweud ei bod "wedi cyrraedd y pen draw". Doedd hynny ddim wedi bod yn ei chân o'r blaen, ac fe'i dywedodd gyda digon o arddeliad fel bod gan Hefina rhyw damed newydd i'w ddweud wrth Doris yn nes ymlaen.

'Dyna ddeudodd hi,' roedd yn fêl ar fysedd Hefina gael bod y cyntaf i ddod â thamed o sgandal i'r wyneb. 'Chredet ti ddim y rowia' fydd yna . . .' a chafodd Doris grynodeb hirfaith o sawl ffrae ddigwyddodd drws nesaf ac yn nychymyg Hefina. Tra oedd y ddwy yn y gegin yn paratoi'r brechdanau a berwi'r tegell, roedd Ffi-Ffi yn yr ystafell fwyta yn profi'r hufen oddi ar dop y treiffl a'i olchi i lawr gyda llaeth o'r jwg.

'Allswn i daeru 'mod i wedi decoretio'r treiffl,' meddai Hefina wrth roi'r tebot ar y bwrdd. 'Dw i'n deud wrthat ti, Doris, dw i'n mynd yn anghofus iawn yn fy henaint!'

'Paid â phoeni amdana i,' meddai Doris. Roedd ymweliadau blaenorol i gael te yn nhŷ Hefina wedi ei dysgu am gastiau'r ci. 'Cha i ddim cymryd hufen. Doctor yn deud . . . *gall bladder* medda fo,' a helpodd ei hun i ddarn mawr o gaws yr oedd hi ei hun wedi ddod gyda hi.

O'i chlwyd ar gefn y soffa, gwyliai Ffi-Ffi Brian yn cadw'r lori yn y bae ar waelod y llwybr, a cherdded i fyny at y tŷ. Neidiodd i lawr ac aeth yn syth at y drws cefn dan wichian ei hawydd i fynd allan.

'Dyna un dda wyt ti!' meddai Hefina gan frysio i agor y drws iddi.

'Mae hon yn gallu siarad hefo fi, wyddost ti,' meddai wrth

Doris. 'Isio mynd i bipi mae'r beth bach. Mae mor lân.' Brysiodd i daro'r cadach llawr ar y pwll oedd yn y gornel o dan ffenest y gegin gan weddïo nad oedd Doris wedi sylwi arno ynghynt.

Gofidiai Hefina na allai fynd at ffenest y llofft i wrando ar Brian yn egluro i Non pam oedd wedi dod yn ôl mor gynnar. Soniodd hi ddim ei bod yn ei ddisgwyl adref ganol y pnawn. Efallai eu bod am fynd allan. Petha wedi setlo i lawr ar ôl ffrae neithiwr, meddyliodd Hefina. Ond ddwedodd hi ddim byd wrth Doris. Clywodd Ffi-Ffi yn cyfarth yn wyllt ymhen y rhawg wedyn. Trodd y cyfarthiad yn wich o boen, a rhedodd Hefina i weld beth oedd yn bod. Gorweddai Ffi-Ffi ar lwybr yr ardd yn llyfu ei hochr.

'O, cariad bach! Be' sy'n bod? Wyt ti wedi brifo? Est ti drwy'r ffens at Anti? Wyt ti wedi crafu dy ochor? Rhaid i ti beidio gwthio drwy'r ffens.' Cododd Hefina'r ci a'i chario i't tŷ. Er iddi chwilio yn fanwl, welai Hefina ddim ôl crafiad ar ei hochr; eto gwichiai'r ci wrth iddi daenu ei llaw ar hyd-ddi.

'Dwn i ddim be' ddigwyddodd,' meddai wrth Doris, oedd yn mwynhau teisen siocled. 'Mae wedi brifo'i hochor rywsut. Trïo mynd dan y ffens at Brian drws nesa oedd hi, dw i'n siŵr. Rhaid iddo beidio â'i swcro hi. Ond mae pawb mor ffond ohoni, yn tydyn cariad?' A rhoddodd Hefina gusan fawr i Ffi-Ffi cyn ei gosod yn dyner i orwedd ar y soffa, a rhoi cwrlid ysgafn drosti.

Edifarhâi Hefina ei bod wedi gwahodd Doris draw i de. Roedd sŵn clepian drysau a rhedeg i fyny ac i lawr y grisiau i'w glywed yn y tŷ nesa. Peth od oedd gweld Brian yn mynd a dod yn y pnawn. Ceisiodd Hefina gyfrif sawl siwrnai oedd wedi ei wneud. Doedd o ddim wedi bod yn bell iawn, ond credai iddo basio o leiaf ddwy waith i'r tŷ. Bu tawelwch llethol o'r drws nesaf wedyn. Clustfeiniodd Hefina, ond ni allai glywed yr un smic o sŵn symud drwy wal y gegin.

O'r diwedd, penderfynodd Doris ei bod yn amser iddi

gychwyn am adref, ac wedi trefnu i ddod eto cyn bo hir (am fod yn llawer gwell ganddi ddod at Hefina na chael Ffi-Ffi yn ei thŷ ei hun) gadawodd. Wrth ffarwelio â Doris wrth y llidiart, edrychodd Hefina at dŷ Non. Er ei bod yn gyflym nosi, nid oedd llewyrch o oleuni i'w weld yn yr un o'r ffenestri.

Ysai Hefina am gael gwybod beth yn union oedd wedi digwydd, ond feiddiai hi ddim galw yn y drws nesaf rhag iddi ymddangos yn fusneslyd. Penderfynodd o'r diwedd fod Non wedi mynd gyda Brian.

Tasa Doris ddim wedi mynnu dod yma heddiw, faswn i wedi gallu gweld y symudiadau i gyd, meddyliodd. Er iddi edrych allan i'r ardd lawer gwaith yn ystod y nos, nid oedd golau i'w weld o'r drws nesaf.

Bore trannoeth, cofiodd Hefina fod ganddi waith pwysig i'w wneud y tu allan. Er bod y glaw mân yn cael ei chwythu yn gymylau diflas dros yr ardd a'r diferion yn syrthio'n drwm o frigau'r coed, gwisgodd ei hen gôt ac esgidiau glaw ac aeth i dacluso'r goeden rosod bellaf. Oddi yno, gallai edrych yn iawn ar ffenestri drws nesaf. Doedd y llenni ddim wedi eu cau yn yr un ystafell.

'Maen nhw wedi mynd i ffwrdd,' meddai wrthi ei hun. 'Da iawn. Mae'n rhaid fod y cweryl yna wedi mynd heibio . . . Tan y tro nesaf,' ychwanegodd.

Wedi tacluso, a chlirio'r dystiolaeth o fodolaeth Ffi-Ffi, aeth Hefina i'r tŷ i gael paned. Wrth lenwi'r tegell, clywodd sŵn na ddisgwyliai ei glywed. Fel arfer, chymerai hi ddim sylw o'r sŵn am ei bod wedi hen gynefino â'i glywed. Cymerodd eiliadau iddi sylweddoli bod y sŵn, o dan yr amgylchiadau presennol, yn annisgwyl. Sŵn dŵr tŷ bach drws nesaf oedd wedi achosi iddi glustfeinio.

Dyna ryfedd, meddyliodd. Maen nhw'n ôl. Aeth i ffenest yr ystafell fwyta, ond nid oedd lori Brian i'w gweld yn ei lle arferol.

Yna, wrth weld nad oedd wedi darfod clirio pob dim oddi ar y bwrdd ers te ddoe, cafodd syniad.

'Meddwl y basat ti'n 'i lecio fo,' meddai wrth roi dysglaid o dreiffl gyda haen denau o hufen arno, i Non. 'Mi wnes i ormod. Bytrag fach ydy Doris.'

'Dewch i mewn,' meddai Non. 'Sgiwsiwch y llanast. Newydd godi ydw i. Ddim 'di bod yn dda.'

Gwibiodd llygaid Hefina dros yr ystafell fyw. Edrychai fel pe bai ffrwydriad wedi bod, neu fod lladron wedi ysbeilio'r lle. Am unwaith, ni wyddai beth i'w ddweud. Syllodd yn gegrwth o'i chwmpas. Edrychai o Non, oedd heb hanner wisgo am dani, i'r seidbord oedd yr un mor noeth â'i pherchennog. Doedd yr un o gwpanau arian na thlysau Brian yn eu lle arferol. Dangosai amlinellau ar y papur wal lle byddai lluniau o Brian a'r timau pêl-droed yn dathlu buddugoliaethau.

'Wedi mynd.'

'Mynd?' atseiniodd Hefina.

'Y diawl wedi mynd â'i lanast hefo fo. Mae gen i uffar o gur pen, dowch i gael panad.' Dilynodd Hefina hi i'r gegin a oedd yr un mor flêr. Safodd Hefina yn hollol lipa wrth y drws. Doedd hi erioed wedi gweld golwg mor bell ar Non, na golwg mor flêr ar y tŷ. Symudai Non o gwmpas yn gwneud paned fel rhywun yn cerdded yn ei chwsg. Estynnodd ddau fwg, a rhoi'r tegell i ferwi. Rhoddodd goffi a llaeth yn y mygiau.

'Siwgr?' a rhoddodd ddwy lwyaid yn y ddau fwg heb aros am ateb. 'A dos o hwn!' ychwanegodd. Tywalltodd weddillion potel wisgi i gyfeiriad y mygiau. 'Wps!' Gafaelodd yn ymyl y bwrdd. 'Y llawr yn gam! Dim bwys, mae gen i ragor.'

Profiad newydd i Hefina oedd cael wisgi yn ei choffi ganol y bore, a hithau ddim yn Nadolig.

'Garia i'r mygiau,' meddai. Buasai'n drueni i ddiod mor foethus golli cyn iddi gael ei yfed.

Wrth yfed y coffi, cafodd Hefina fersiwn Non o'r ffraeo fu am fisoedd rhyngddi hi a Brian.

'Gaiff 'i chwaer 'i ddiodda fo rŵan. Fo a'i blydi lori.'

'Ond be wnewch chi? . . . Sut ellwch chi . . . fanejo?'

'Mi faneja i'n iawn. Fedar Brian ddim cyffwrdd 'y mhres i. Ma Dadi wedi gadael digon a ma' 'mhensiwn i'n saff . . . ' Rhwng y wisgi a chlebran cymysglyd Non, teimlai Hefina ei phen yn troi. Ceisiai ganolbwyntio i gael cofio'r manylion ariannol oedd Non yn eu datgelu, ond gan eu bod yn newid o un frawddeg i'r llall doedd dim llawer o goel arnynt.

Estynnodd Non botel arall o wisgi o'r seidbord, ac wrth giledrych dros ei hysgwydd, gwelodd Hefina ddwy neu dair potel wag yn gorwedd flith draphlith yn y cwpwrdd.

'Ydach chi ddim yn meddwl . . . eich bod . . . wedi . . . '

'Ca'l digon?' Gorffennodd Non gwestiwn Hefina. 'Nac ydw. Mae achlysur fel hyn . . . ' Tywalltodd ddogn hael i'w mwg ei hun cyn rhoi rhagor i Hefina.

'Na. Na.' Gwrthododd Hefina. 'Well i mi beidio. Rhaid i mi fynd i'r dref . . . Ydych chi isio rwbath? . . . '

'Dewch â photel arall . . . pharith hon ddim yn hir.'

Pan ddychwelodd Hefina o'r drws nesaf, gwelodd fod Ffi-Ffi yn gorwedd yn llonydd ar y soffa. Doedd dim hwyl arni.

'O, oeddet ti isio dod i dŷ Anti efo Mami, cariad?' Eisteddodd Hefina ar ymyl y soffa ac anwesodd y ci. Doedd hi ddim yn sylweddoli nad oedd y ci wedi symud ers pan roddodd hi i orwedd y pnawn cynt. 'Hitia befo, gei di ddwad yno efo Mami heno 'ma. Fydda i isio mynd â negas i Anti. Dw i isio nôl ffisig iddi o'r dref.'

Roedd ar dywyllu pan gurodd Hefina ddrws tŷ Non, ond nid oedd ateb i'w galwad. Trodd y bwlyn yn dawel, a chael bod y drws heb ei gloi.

'Fi sy' 'ma,' galwodd wrth gamu dros y trothwy. Roedd y

gegin yr un mor flêr ag oedd yn y bore, a'r ystafell fyw yr un fath. Gorweddai Non ar y soffa yn chwyrnu cysgu. Ysgydwodd Hefina ei phen, ac aeth ati i geisio tacluso tipyn ar y llanast. Aeth i'r llofft i nôl cwrlid i'w roi dros Non. Yma eto, roedd yn amlwg fod Brian wedi cario ymaith ei ran ef o'r petheuach.

Golchodd a chadwodd y llestri budron oedd yn y sinc, a thaclusodd yr ystafell fyw orau a allai. Er iddi drïo, roedd yn amhosib deffro Non, ac aeth yn ôl adref.

Disgwyliai weld Ffi-Ffi yn dawnsio i'r drws i'w chroesawu yn ôl, ond parhau i orwedd ar y soffa a wnâi'r ci.

'Caliad Mami ddim yn dda, yn nag ydi?' Roedd yn amlwg fod rhywbeth mawr yn bod ar y ci, a dychrynodd Hefina gryn dipyn.

'Well i ni ffonio Yncl Huws y fet.' Heb golli rhagor o amser yn mwytho'r ci, aeth Hefina i alw'r milfeddyg.

Ysgwyd ei ben yn drist wnaeth y milfeddyg ar ôl archwilio'r ci.

'Ydych chi'n berffaith siŵr nad ydy wedi cael ei tharo gan gar?' holodd am yr ail neu'r drydedd tro.

'Tydi hi byth yn mynd allan hebdda i.' Roedd Hefina bron yn ei dagrau erbyn hyn.

'Mae arna i ofn ei bod wedi torri asen, wyddoch chi. Mae'n well i mi fynd â hi yn ôl i'r syrjeri. Ro i *X-Ray* iddi, wedyn ga i weld yn iawn. Peidiwch â phoeni. Mi fydd hi'n iawn. Gadwan ni hi i mewn am ddiwrnod neu ddau . . . '

'I mewn . . . ?' Allai Hefina ddim dychmygu byw am ddiwrnod heb Ffi-Ffi. 'Ond be wna i?'

'Ffoniwch bore fory, at yr unarddeg 'ma. Fyddan ni wedi gweld yn iawn erbyn hynny.'

Dyna un o nosweithiau hiraf bywyd Hefina. Cododd sawl tro yn ystod y nos ac edrychodd ar y cloc dro ar ôl tro gan glustfeinio rhag ofn ei fod wedi stopio. Cododd o'r diwedd ar doriad gwawr. Bu'n gwylio'r teledu heb ei weld, ac yn darllen hen gylchgronau heb eu deall. Llusgai bysedd y cloc yn arafach nag erioed, ac o'r diwedd daeth yn unarddeg. Rhaid fod pob un o drigolion y dref yn ffonio'r milfeddyg y bore hwnnw. Cymerodd bron i hanner awr cyn i Hefina lwyddo i gysylltu â'r filfeddygfa.

'Gorfod 'i gadal hi yna am ddeuddydd,' meddai wrth Non, oedd wedi dod yno ganol y pnawn i ddiolch iddi am dacluso'r tŷ.

'Dwn i ddim be' faswn i wedi 'i neud hebddach chi,' meddai Non yn ddagreuol. 'Mi fasa wedi mynd i'r wal arna i.'

'Paid â sôn. Wnes i ddim byd.' Roedd cael gair o ddiolch gan Non yn beth reit ddiarth. Cwyno a bwrw ei gofidiau fyddai hi fel arfer. 'Roeddwn i'n falch i gael rwbath i'w wneud. Rwy'n ei cholli . . . hi.'

Daeth dagrau i lygaid Hefina wrth feddwl mor bell oedd Ffi-Ffi, mor bell ac yn dioddef poenau nas gwyddai hi amdanynt.

'Dyna fo . . . Na fo . . . na fo . . .' Rhoddodd Non ei breichiau am Hefina, a bu'r ddwy yn cofleidio a chyd-wylo i ysgwyddau ei gilydd am sbel.

'Sbïwch golwg sy' arna i,' meddai Non ymhen y rhawg. 'Dydw i ddim wedi gwisgo'n iawn ers 'dwn i ddim pryd. Dw i'n teimlo'n reit lwglyd hefyd. Mi fasa pryd o fwyd yn gneud lles i ni'n dwy. Pryd fwytoch chi? Does dim trefn o fwyd wedi bod genno chitha chwaith, mi wn.' Wedi'r sbel o fwrw'i dagrau, cawsai Non rhyw ynni newydd a theimlai ei hun yn feistres ar yr argyfwng oedd ym mywydau'r ddwy.

'Mae gen i bitsa a *chips* yn y rhewgell. Dau funud fyddan nhw yn y meicro. Dowch!' Cyn i Hefina gael amser i feddwl na thorri allan i wylo wedyn, cafodd ei hun yng nghegin Non yn dilyn ei chyfarwyddiadau i roi'r llestri ar y bwrdd.

Yn unol â'i phroffwydoliaeth, roedd gan Non ddau blatiad o

sglodion a phitsa ar y bwrdd o fewn munudau.

'Coch 'ta gwyn?' Ond atebodd Non ei chwestiwn ei hun cyn i Hefina ei ddeall. 'Gawn ni un o bob un i ddechra.'

Pigo bwyta wnaeth Hefina i ddechrau, ond wrth gymryd llowciad iawn o win rhwng pob fforciad, canfu fod y bwyd yn reit dderbyniol.

'Awn ni â hon hefo ni.' Non oedd llywydd y noson yn ddi-os. Dilynodd Hefina hi i'r lolfa gan geisio cario ei gwydryn yn ofalus, a chariai Non ei gwydryn a'r ddwy botel gyda'u gweddillion.

'A i i nôl un arall.'

'Na'n wir!' Teimlai Hefina rhyw ysgafnder rhyfedd yn ei phen, a deuai llais Non ati yn donnau. 'Wedi ca'l lot. Lot mwy nag arfar . . .' er mai gwydraid o sieri ar noson cinio Nadolig Merched y Wawr oedd ei dogn arferol am y flwyddyn.

'Mae'n help i ymlacio,' cyfiawnhaodd Non ei hun wrth ail lenwi ei gwydryn o'r botel agosaf. 'Wedi'r cwbwl, rydach chi a fi wedi cael colled. Rydan nin'n dwy yn unig. Ar ein pennau ein hunain! Chi wedi colli'r ci, a finna . . .'

Syrthiodd ceg Hefina yn agored. Doedd hi ddim wedi sylweddoli bod y ci wedi . . . wedi marw. Rhaid ei bod. Dyna ddywedodd Non, "wedi colli'r ci". Drwy wyll y gwin, gwelodd Hefina ei hun yn rhoi Ffi-Ffi i orwedd ar y soffa. Doedd hi ddim yn cofio dim byd wedi hynny. Teimlodd ysbryd Ffi-Ffi yn dod ati i orwedd ar y soffa yma. Estynnodd ei llaw i'w hanwesu.

'Ffi-Ffi? Caliad Mami wedi dwad? Tyrd at Mami i gael mwytha.' Anwesodd ei llaw rhywbeth gwyn, llyfn, cynnes. 'Nghariad bach i.' Symudodd y llyfnder gwyn yn nes ati gan arwain ei llaw o dan y cwrlid oedd yn ei orchuddio. Roedd Ffi-Ffi yn ei hymyl. Roedd adref yn ei gwely yn anwesu Ffi-Ffi. Ac O fendigedig deimlad! Roedd Ffi-Ffi wedi tyfu i'r un maint â hi ei hun, ac yn ei hanwesu a'i charu hithau.

'O, bendigedig,' sibrydodd Hefina o dan gusanau gwyllt ac anwesau cyffrous 'Ffi-Ffi'.

Dw i isio i hyn bara am byth, meddyliodd Non dan gyffyrddiadau cyffrous Hefina. Hyn ydy bod yn y nefoedd . . . Wnes i erioed feddwl fod hyn mor agos ata i yr holl amser. Pwy s'isio blydi dynion?

GWYLIAU YN SBAEN

Crychodd Catrin ei llygaid yn erbyn yr haul llachar. Edrychodd o'i hamgylch yn hamddenol. Roedd rhywun yn gorwedd ar bob gwely haul o gylch y pwll nofio.

'Dyna wers i mi erbyn fory,' meddai wrthi ei hun. 'Ddo i yma ben bore i hawlio fy safle am y dydd, a chael un o'r ymbaréls coch a gwyn yna yn gysgod.' Eisteddodd ar un o'r grisiau a arweiniai i lawr o ddrws llydan y gwesty i'r patio. Teimlai wres y concrid gwyn yn gynnes drwy ei ffrog denau er bod y grisiau yng nghysgod adlen liwgar.

'*Please to be free,*' meddai llais y tu ôl iddi, a theimlodd law ysgafn ar ei hysgwydd. Trodd i ganfod gweinyddes o'r gwesty yn sefyll wrth ei hymyl.

'*Ze stairs . . . to be free . . . for ze walking of ze people.*'

'*Oh, I see.*'

'*Si, not for ze sitting.*'

'*I understand. Sorry.*'

Cododd Catrin yn drwsgl, a chynigiodd y ferch ei llaw i'w helpu. Derbyniodd y cymorth yn ddiolchgar, ac fel pe wedi ei drefnu i ategu geiriau'r ferch, a phrofi eu gwirionedd, llifodd teulu parablus allan o'r gwesty a gwneud eu ffordd yn syth at y pwll nofio.

'*Zey make much loudness . . .*' meddai'r ferch.

'*Enjoying themselves,*' ategodd Catrin.

'*Is you enjoying . . . ?*'

'I've only just arrived. But yes, I think I shall enjoy.'

Cerddodd y ddwy i mewn i gysgod oer y gwesty, a sylweddolodd Catrin eu bod yn parhau law yn llaw ers i'r criw wthio heibio iddynt ar y grisiau.

'Ze window I shall open . . .'

Arweiniodd y ferch Catrin at gadair yn ymyl y ffenest, ac agorodd y ffenest led y pen gan adael i awel gynnes chwythu'r llenni yn ddioglyd yn ôl a 'mlaen.

'To need me, call "Anna",' Gadawodd y ferch i fynd i glirio'r llestri oddi ar y byrddau cinio. Gwrandawai Catrin ar y sŵn ddeuai o gyfeiriad y pwll nofio. Ceisiai gyfrif sawl iaith wahanol a glywai, ond roedd dadansoddi'r parablu yn eiriau dealladwy yn amhosibl. Cododd ei thraed ar y gadair gyferbyn a phwysodd ei phen yn ddyfnach i'r clustogau meddal. Caeodd ei llygaid gan fwynhau'r awel a chwaraeai drwy ei gwallt.

Falle 'raiff lot o'r bobl yma o'r pwll yn nes ymlaen,' meddyliodd Catrin. Os y gwacith hi yno, a i i nofio, wedyn fydd hi'n amser bwyd, ac wedyn, yn ôl y rhaglen, mae dawns yma . . . Falle bydd pethau'n troi allan yn iawn yn y diwedd.

Y fantais fawr o ddod i'r gwesty moethus yma oedd ei bod am gael rhwydd hynt i fynd a dod fel y mynnai drwy gydol yr wythnos, cyn belled â'i bod yn aros o fewn cyffiniau'r gwesty. A chan fod y gwesty fel pentref hunangynhaliol, doedd dim angen iddi fynd allan oddi yno. Roedd bwyd ar gael drwy'r dydd, a dewis o ddiodydd oer yn yr oergell yn ei hystafell. Clustnodwyd un diwrnod at ddiwedd yr wythnos i fynd i siopa, ac un arall i weld un neu ddau o atyniadau mwyaf enwog y dref, felly roedd rhan helaethaf yr wythnos iddi fwynhau ei hun yn torheulo, nofio neu wneud unrhyw weithgaredd o'i dewis yn y gampfa gyda'i amrywiaeth o chwaraeon ac adloniant. Gwelai wythnos ddifyr a llawn yn ymestyn o'i blaen. Pwy wyddai beth fyddai wedi digwydd erbyn diwedd yr wythnos? Efallai y byddai hithau, fel sawl merch ar wyliau, wedi 'cael bachiad'.

Dyna oedd y foronen a'i pherswadiodd o'r diwedd i ddod ar y gwyliau yma gyda'i thad a Michelle. Buasai'n filwaith gwell ganddi aros gartref efo Nain ac Anti Edith. Roedd hi'n teimlo yn ddiogel efo nhw ill dwy. Yn ddiogel a dedwydd. Fyddai dim byd cas yn digwydd yn nhŷ Nain, neb yn ffraeo, neb yn taflu dim at un arall mewn tymer, na neb yn gweiddi a rhegi. Chlywid fyth mo'r drws yn cael ei glepian yn flin, na'r gath yn sgrechian mewn poen a dychryn o gael ei chicio.

'Gei di'r diwrnod i gyd i chdi dy hun,' meddai Dad. 'Fydd dim rhaid i ti hongian o gwmpas hefo ni. Gawn ni frecwast a chinio nos efo'n gilydd, a bydd gweddill y dydd gen ti i wneud ffrindiau a mynd a dod fel y mynni.'

'Ond fasa'n well gen i fod efo Nain . . .'

'*Young people*, Catrin. Rhaid i ti *mix with your own age group*. Bydd *dance* gyda'r . . . cymdeithasu, digon o amser i ti cymdeithasu gyda *lovely young men*, ie? Bwrdd tennis, gemau cardiau. Pob peth, a *hairdresser* i ti fod yn tlws i'r ddawns . . . y cymdeithasu.' Ceisiai Michelle ei gorau i feddwl am bob peth i ddenu Catrin i ddod ar y gwyliau yma.

'Ond fyddwch chi ddim isio fi fel gwsberan . . .'

'O, Catrin!' swniai Michelle fel merch fach wedi cael cam. 'Ti dim yn cwsberan. Ni'n *happy family*, yn tydan Garth?' Trodd at Gareth am gadarnhad. 'Ti'n gwybod, Catrin, *I've always said* fi dim dod rhwng Garth a ti.'

'Gareth,' meddai Catrin yn swta. 'Gareth ydy enw Dad.'

'Ie, cariad. *I know*, ond ti'n gwybod *I like to glamorize him* mae mor sbesial.' Roedd yr hen daeru gwirion yn dechrau eto, a cheg Catrin yn tynhau yn ei dicter. Adwaenai Michelle yr arwydd o styfnigrwydd, a newidiodd y stori.

'Dillad newydd! Ni'n prynu ffrog, *a really pretty dress to wow them*.'

Ateb Michelle i unrhyw gyfyngder oedd prynu dilledyn newydd; byddai hynny yn ei hysbrydoli i orchfygu unrhyw rwystr. Yn unol â'i haddewid, y penwythnos canlynol, aeth Michelle a Catrin i'r dref i brynu dillad addas ar gyfer tywydd poeth. Doedd dim byd yn grintachlyd ym Michelle; câi bleser wrth arwain Catrin o siop i siop i ddewis dillad addas ar gyfer y gwyliau.

'Bydd yr *young men* yn disgyn *head over heels*. Ti *really* yn edrych yn tlws yn y ffrog glas. *Exact match* i dy lygad.'

'Llygaid. Gen i ddwy,' meddai Catrin o dan ei gwynt.

'What was that, dear?'

'Dw i'n lecio'r ddwy. Y ddwy ffrog. Dwn i ddim pa un i ddewis.'

'The blue, without a doubt. A mi wna i trîtio ti i *really nice hair-do* ar ôl i ni gyrraedd,' meddai Michelle yn llawn brwdfrydedd. 'Ti a fi yn cael *brand new hair style. Highlights*, tipyn o *blonde streaks*. Bydd yn rhoi *new life* i ni. Gawn ni *whale of a time*, morfil go iawn!'

Gwenodd Catrin yn hapus. Roedd morfil go iawn Michelle yn dechrau . . .

.   .   .

Teimlai Catrin fel tywysoges wrth godi'n osgeiddig o'r gadair wrth y ffenestr. Rhedodd i fyny'r grisiau i'w hystafell. Tynnodd ei dillad yn frysiog a'u taflu flith draphlith ar y llawr. Gwisgodd wisg nofio felen lachar oedd yn dangos ei lliw haul yn frownach nag oedd eisoes. Tarodd liain mawr claerwyn dros ei hysgwydd, gwthiodd ei thraed i sandalau strapiog aur a chychwyn i lawr eto am y patio a'r pwll nofio.

Troai pawb i edrych arni'n cerdded drwy'r lolfa am y drysau gwydr mawr agored. Tawelodd dwndwr y siarad wrth iddi daflu'r lliain gwyn yn bentwr fel lluwch eira ar lan y pwll. Camodd o'i sandalau a phlymio i'r pen dwfn, ei chorff llunaidd llyfn a gosgeiddig yn torri wyneb y dŵr fel cyllell boeth drwy fenyn.

Cododd o'r dŵr ac ysgydwodd y gwlybaniaeth o'i gwallt euraidd. Tasgodd y diferion yn gawod o ddeiamwntiau gloyw o'i hamgylch. Nofiodd dau lanc ati, plymiodd hithau i'r dyfnder a nofio'n chwim o dan wyneb y dŵr oddi tanynt. Cododd i'r wyneb eto ym mhen pellaf y pwll gan chwerthin am ben eu hymdrechion i rasio tuag ati. Plymiodd bachgen gwallt golau o ochr y pwll, ac un arall o'r pen bas. Nofiodd y ddau at y ddau lanc pryd tywyll. Gwelodd Catrin fod tair merch ifanc yn y dŵr yn chwarae gyda phêl enfawr. Tarodd un ferch y bêl i gyfeiriad Catrin, a tharodd Catrin hi'n ôl iddi. Chwarddodd y merched o weld bod Catrin yn ymuno yn eu chwarae. Heb i neb ddweud gair, roedd y bobl ifainc wedi ffurfio dau dîm, ac yn chwerthin yn llawen wrth chwarae gyda'r bêl. Doedd dim amheuaeth nad Catrin oedd y nofwraig orau, ac roedd ei dawn o daro'r bêl yn gyflym a chywir yn amlwg.

Wedi blino ar chwarae gyda'r bêl, cawsant rasys, y bechgyn yn erbyn ei gilydd yn gyntaf, yna'r merched, a'r nofiwr cyflymaf o'r ddwy ras yn erbyn ei gilydd. Catrin eto enillodd. Erbyn hyn, roedd yr haul yn is yn y nen, a phawb yn dechrau blino ac yn barod am eu swper. Taflodd Catrin y lliain gwyn amdani, a brysiodd i'w hystafell i ymolchi a newid erbyn y pryd bwyd.

Pan aeth i'w hystafell, roedd y ferch welodd yn clirio'r byrddau cinio yno.

'*Ze bath, it is ready for you.*' Rhyfeddai Catrin ei bod yno yn gweini arni. Tra oedd Catrin yn y bath persawrus, golchodd y ferch y wisg nofio a'i rhoi allan ar *railings* y balconi i sychu.

'*Ze hair, I will make.*' A chyn i Catrin sylweddoli, roedd y ferch wedi ei gosod i eistedd ar stôl ac wedi llunio ei gwallt yn gelfydd i ddangos siâp ei hwyneb ar ei orau. Yna, rhoddodd ychydig o golur ar wyneb Catrin a'i helpu i wisgo'r ffrog las.

Llifodd Catrin i'r ystafell fwyta.

'Reena! Reena!' Trodd Catrin i gyfeiriad y lleisiau. Roedd y bobl ifainc o'r pwll nofio i gyd wrth un bwrdd yn galw arni, ac yn amneidio arni i ymuno â hwy.

'Reena!' Roedd pob un am iddi eistedd wrth ei ochr. Ymfalchiai yn ei henw newydd: roedd rhyw dinc cyffrous iddo a wnâi iddi deimlo fel rhyw seren o fyd y ffilmiau. Eisteddai ei thad a Michelle wrth eu bwrdd. Gwenodd arnynt a chwifio'i llaw. Cododd ei thad ei law arni, a wincio'n ddeallus. Gwenodd Michelle hefyd a chodi ei haeliau yn awgrymog, cystal â dweud "Mae gen ti un *dishy* yn y fan yna, Catrin'.

Drwy gydol y pryd bwyd roedd Anna yn gweini arni. Roedd wedi cofio enw'r weinyddes, ac yn falch o'i chael i ofalu amdani. Gofalai Anna fod gwydryn Catrin yn llawn o'r gwin melys, dewisodd y bwydydd mwyaf blasus o'r fwydlen gyfoethog iddi, a chodi'r tameidiau gorau ar ei phlât. Mwynhaodd Catrin y cinio. Llifai'r gwin a'r sgwrs. Teimlai ei bod yn adnabod ei chyfeillion newydd erioed. Er eu bod yn dod o wahanol wledydd, roedd eu cwmnïaeth a'u sgwrs yn fywiog a dilyffethair. Edrychai'r gwesteion eraill i'w cyfeiriad, a chredai Catrin eu bod yn eiddigeddus o'r hwyl a gawsai'r grŵp yng nghwmpeini ei gilydd. Gwyddai Catrin fod pawb yn ei hedmygu; hi, yn ddi-os, oedd seren y bwrdd.

Wedi'r bwyd, daeth yn amser i ddawnsio, a phob un o'r bechgyn am i Catrin ddawnsio gydag ef yn gyntaf. Chwarddai yn hapus gan addo i bob un y câi ei dro. Dawnsiai yn fedrus, troellai yn gyflymach na neb, llithrai yn fwy gosgeiddig gan gymryd camrau cymhleth. Gwyliai pawb hi yn llithro o un symudiad i'r llall. Bu raid iddi hi a'i phartner roi arddangosiad arbennig. Waeth pa fiwsig fyddai'r band yn ei chwarae, gallai

Catrin ddehongli naws y darn mewn dawns drawiadol, luniaidd.

Fu erioed y fath ddawnsio yn y gwesty. Daeth y rheolwr ati a gofyn iddi a fuasai yn dysgu y bobl ifainc i ddawnsio. Tybed . . . tybed fuasai hi yn gallu aros yno drwy'r haf?

A fyddai ei thad yn fodlon i hynny? Credai y byddai Michelle wrth ei bodd o'i gweld yn cael y fath gyfle. Byddai Michelle yn sicr o fod o'i phlaid . . . Byddai'n rhaid cael rhagor o ddillad i aros yno drwy'r haf, ffrogiau dawnsio . . . gwisg nofio . . . roedd angen llawer o ddillad. Gwenodd yn hapus roedd yr haf gorau erioed o'i blaen.

Edrychodd Gareth o'r drws ar draws yr ystafell. Gwelodd Michelle y pryder yn llinellau ei wyneb a'r boen yn ei lygaid. Gwyddai yn iawn beth oedd yn mynd drwy ei feddwl. Gwasgodd ei fraich yn dyner.

'Fe fyddan ein tri yn hapus efo'n gilydd,' meddai. 'Fe wnaiff popeth weithio allan yn iawn, gei di weld.'

Croesodd Gareth yn araf at Catrin i'w deffro i gael ei swper. Edrychai mor fach ac unig yn cysgu yn y gadair fawr. Cododd ei ffyn baglau oddi ar y llawr yn barod iddi gael ymlwybro at y bwrdd bwyd. Gosododd blwg ei chadair olwyn drydan yn y soced ar y wal. Byddai angen ei chadair fory iddi gael crwydro yn annibynnol yng ngerddi eang y gwesty.

LLUNIAU

Agorodd Gwyneth yr amlen i gadarnhau mai ei lluniau hi oeddynt. Talodd i'r ferch a brysio i ddarfod gwneud ei negesi yn yr amser oedd yn weddill o'i hawr ginio.

Mi 'drycha i'n iawn arnyn nhw ar ôl cyrraedd 'rysgol, meddyliodd.

Ond nid felly y bu. Oherwydd gwrthdystiad y tu allan i'r swyddfa bost oedd dan fygythiad gael ei chau, dargyfeiriwyd y traffig, a chael a chael wnaeth hi i gyrraedd ei dosbarth cyn i'r gloch ganu i alw'r plant ynghyd am y pnawn. Galwyd cyfarfod athrawon am chwarter i bedwar, a rhwng prysurdeb hwnnw, marcio gwaith y plant a pharatoi am drannoeth, anghofiodd Gwyneth y pecyn oedd yng ngwaelod ei bag nes y gwelodd ef wrth iddi chwilio am ei dyddiadur yn hwyr y noson honno.

Aeth â dwy ffilm i gael eu datblygu, ac roedd wedi edrych ymlaen at weld gweddill ei lluniau o'i gwyliau bythgofiadwy yn Awstralia gyda'i brawd. Y llun olaf yn ei chyfres oedd yr un a dynnodd oddi ar risiau'r awyren fach oedd yn mynd â hi i'r maes awyr, a'r teulu fel dotiau bach ym mhen pellaf y llain glanio yn chwifio eu dwylo arni.

'Ffantastig!' meddai wrthi ei hun. 'Fe ges i amser ffantastig. Petai dim nadroedd yno, fasa waeth gen inna setlo yno hefyd. Ond wedi clywed am y bobl yna'n gorfod codi bordiau'r llawr . . .' Ceisiodd ysgwyd ei harswyd o'i chof. Aeth â'r ychydig luniau o Awstralia i'r albwm, a'u gosod yno'n drefnus. Byddai'n mynd â'r albwm gyda hi pan âi i fwrw'r Sul at ei chyfnither.

'Rŵan am briodas Gwen a Merf . . .' meddai gan eistedd ar y soffa a gosod ei thraed ar y gadair freichiau o'i blaen.

Gwenodd wrth weld y lluniau a chofio'r penwythnos hyfryd a gafodd ym mro ei phlentyndod. Cadwodd ei haddewid i Glyn roedd wedi tynnu lluniau yn arbennig i'w hanfon ato.

'Anfon luniau o'r Hafod i mi, wnei di?' gofynnodd.

'Yr Hafod? Ond Glyn bach, tydi'r Hafod yn furddun bellach! Wyt ti ddim yn cofio mor simsan oedd ei do? Hyd yn oed pan oedd Nain yn byw yno, roedd . . .'

'Ydy, debyg,' meddai Glyn a golwg bell, hiraethus yn ei lygaid. 'Pymtheg oeddwn i pan gladdwyd Nain, dlawd. Mae'n debyg fod deugain mlynedd wedi gadael . . .'

'Fydda i'n bownd o fynd am dro i fyny'r Cwm gan fy mod i mor agos. Dynna i luniau i ti, paid â phoeni. Anfona i nhw i ti gynta'n y byd ga i 'u datblygu nhw.'

Dyma'r lluniau rŵan yn ei llaw. Gwyddai pa rai oedd wedi eu tynnu'n arbennig i Glyn – dim ond eu hestyn allan oedd angen – ond roedd rhywbeth rhyfedd yn bod ar y lluniau a ddaeth o'r siop.

.   .   .

Cyflymai calon Gwyneth wrth iddi yrru'r car i fyny ffordd gul Cwm Hafod. Roedd bron i ddeugain mlynedd ers pan fu ar y ffordd yma o'r blaen. Cerdded i'r Hafod wnâi Glyn a hi, neu fynd ar eu beiciau. O ran cywreinrwydd, mesurodd y ffordd o'r pentref ar gloc y car. Synnodd fod chwe milltir o'i hen gartref i faes parcio capel Bethel. Pendronodd am funud gan gofio fel y bu'n dod i gapel Bethel gyda Nain. Yn awr, roedd eisiau mynd i fyny i'r Hafod. Os âi ar hyd y ffordd, roedd ganddi ddwy filltir o lôn gul a throellog o'i blaen; ond os cerddai ar draws y rhos, cwta hanner milltir oedd ganddi.

'Cyfaddawd,' meddai wrthi ei hun. 'Fe gerdda i i fyny yno ar

110

hyd y ffordd, ac ar draws y rhos yn ôl. Felly, fe ga i'r gorau o'r ddau.'

Parciodd y car yng nghysgod y coed duon ym mhen draw'r llain fach a elwid yn 'faes parcio'.

Dydyn nhw 'rioed wedi ailagor Bethel? meddyliodd wrth gerdded y llwybr taclus a arweiniai o'r maes parcio dros y bompren i'r capel bach yn y coed.

Tŷ haf tybed? Mae'r Saeson yn cael hyd i'r llefydd mwya' anghysbell. Newidiodd ei meddwl pan welodd fod yr adeilad yn union fel y cofiai ef, ond fod yno arwydd yn datgan mai canolfan gweithgareddau awyr agored ydoedd bellach, yn perthyn i ysgol o Ganolbarth Lloegr. Sbeciodd i mewn drwy'r ffenest i weld fod y tu mewn wedi ei drawsnewid yn ystafell fwyta gyda stôf nwy lle arferai'r pulpud fod. 'Portha fy enaid!' meddai gyda chwerthiniad eironig. Adeiladwyd estyniad yn y cefn i wneud lle i gymryd gwelyau byncs. Cyfrodd Gwyneth le i bymtheg i gysgu yno.

Be ddeuda Nain am hyn, tybed? Yma y priododd hi, a Mam hefyd. Ac yma y bedyddiwyd pawb o'r teulu. Mae'n debyg mai Carol oedd yr olaf. Fe dynna i lun o'r lle iddi. Tynnodd luniau i ddangos gwahanol agweddau o'r cyn-gapel. Cerddodd o gwmpas dipyn gan fwynhau gwres haul Medi. Cododd flodyn llygad y dydd oddi ar ochr y llwybr, a phlyciodd y petalau fesul un gan gyfrif 'ydy, nag ydy; ydy, nag ydy; ydy, nag ydy,' heb ddirnad beth oedd neu nad oedd.

Ceisiodd gofio rhyw rigwm Saesneg fyddai gan ei nain. Cofiai fod yn rhaid cael deilen onnen a chyfrif y deiliach i weld pryd y byddai'n cyfarfod â'i chariad: '. . . *and the one two three four five six seventh man that I shall meet will be my loving sweet heart'*. Yn rhyfedd iawn, saith deilen fyddai yna bob tro.

Dydw i ddim yn debygol o weld yr un dyn y ffordd hyn,' meddyliodd, heb sôn am weld saith! Petawn yn gweld un yn y

111

cwm yma, mwya' tebyg y basa'n rhywbeth yn ymwneud â'r ysgol yma, a dw i wedi ca'l digon o ddynion yn ymwneud ag ysgol, diolch yn fawr. Taflodd weddillion y blodyn i'r nant, a gwyliodd y tamaid maluriedig yn troelli'n araf cyn cael ei sugno o'r diwedd i gyflymder y dŵr a diflannu i ganol yr ewyn a ddawnsiai rhwng y cerrig.

Croesodd y bompren yn ôl at y car, a thynnodd ei chôt.

'Fydda i ddim angen hon,' meddai gan daflu'r gôt i gist y car. Yna cerddodd i fyny'r ffordd yn hamddenol.

Cofiai mai un tŷ oedd ar y ffordd i'r Hafod, a doedd neb yn byw yn hwnnw. Hynny yw, neb ar wahân i'r dylluan wen roddodd cymaint o fraw iddi hi a Glyn pan aethant yno i fusnesa un pnawn. 'Tŷ Gwdihŵ' oeddan nhw'n ei alw wedyn er bod ganddo enw arall swyddogol. Rhywbeth am goeden, os ydw i'n cofio . . . Maes . . . Bryn. Tyrchodd Hefina i encilion ei chof: Derw! Derw ydy'r goeden, beth bynnag . . . Maes y Dderwen . . .?' Taflodd garreg fechan i'r nant a redai yn gyfochrog â'r ffordd. Fel y tarodd honno ar garreg yn y dŵr bas, deffrodd ei chof.

Siŵr iawn! Rhyd y Deri. Dyna enw'r lle. Rhyd y Deri! 'A dacw'r deri,' meddai fel y daeth copa dwy dderwen i'r golwg dros godiad tir o'i blaen.

Ac adfail ydy hwn hefyd, bellach, meddyliodd. Ond fel y dynesai at Ryd y Deri, gwelodd fod y tŷ, a fu unwaith ar fin dadfeilio, wedi ei achub, ei drwsio a'i ehangu. Troellai dreif hardd drwy lwyni bythwyrdd at y tŷ a safai fel dyn dall yn yr haul. Gorchuddid pob ffenest â chloriau pren gyda bar haearn du ar draws pob un. Siglai arwydd ar ffurf coeden wrth ymyl y llidiart, a thystiai llythrennau aur mai fel *The Oaks* yr adwaenid y lle bellach.

Dyna dŷ haf, heb amheuaeth, meddyliodd Gwyneth a theimlodd rhyw eiddigedd a thristwch am fod y tŷ wedi mynd i ddwylo estron.

Ond pam ydw i'n poeni? Allwn i fyth fforddio gwario fel yna ar unrhyw dŷ. Mi fasa'n drueni ei weld yn adfail, wedi'r cwbl. Beth arall sydd i'w ddisgwyl? Mae mwy a mwy o bobl, Saeson gan amlaf, yn dianc o'r trefydd i fyw yn y wlad. Eu lwc nhw ydy fod ganddyn nhw'r modd i droi'r bythynnod yn balasau. Tybed beth fydd yn yr Hafod?

Gan fod Rhyd y Deri yn amlwg wedi ei gau i fyny dros y gaeaf, fel rhyw gynhaeaf bras, a'i adael yn niddosrwydd y cloriau pren, magodd Gwyneth ddigon o hyder i fynd i fyny'r dreif llydan a cherdded o'i amgylch, a thynnu llun neu ddau o'r ardd a'r tŷ. Ceisiodd sbecian i mewn, ond nid oedd na hollt na thwll yn y cloriau pren i ganiatáu hynny.

Gadawodd Ryd y Deri, a cherddodd yn ei blaen i fyny'r ffordd. Arhosodd am saib i wylio dringwr bach yn rhedeg i fyny boncyff gwernen a hedfan yn ôl i'r gwaelod yn ei helfa brysur. Clywodd gnocell yn curo pren ym mherfeddion y coed y tu draw i'r afon. Cerddodd yn araf a thawel ar y gwair a ymylai'r ffordd gan graffu i frigau'r coed i chwilio am yr adar a glywai'n trydar yn gynhyrfus o'i chwmpas.

Fe ddyliwn i fod wedi dod â fy sbinglas, meddyliodd. Doeddwn i ddim yn cofio lle mor dda sydd yma i wylio adar. Fasa'n werth dod yma am benwythnos. Os nad ydy hwn y lle agosa i'r nefoedd, dwn i ddim lle sydd . . .

O'i blaen gwelai ganllawiau gwyn y bont a groesai'r afon, a gwyddai ei bod yn agosáu at geg llwybr y rhos. Teimlai awel falmaidd ar ei gruddiau; caeodd ei llygaid ac anadlodd yn ddwfn. Gallai arogli persawr hydrefol y gwair a'r dail, a phenderfynodd gerdded ar draws y rhos i'r Hafod. Gadawodd y ffordd, a throdd i'r chwith i ddringo'r ychydig droedfeddi o dir garw oedd rhwng y ffordd a'r gamfa a gofiai ar glawdd y rhos.

Roedd popeth fel y'i cofiai. Y coed gwern yn dilyn y ffos fach a ddeuai o gyfeiriad yr Hafod i ymuno â'r afon yr ochr uchaf i'r bont. Tyfai yr eiddew yn dew ar hen foncyff a gollodd ei frigau ers cyn cof a phorai'r defaid ar y rhos, eu cegau'n gweithio'n gyflym fel pe baent yn brysio i fwyta'r borfa gras cyn i'r hydref ei felynu a chochi'r maeth allan ohono. Eisteddodd ar y gamfa yn mwynhau cynhesrwydd yr haul ar ei chefn, a gwrando ar drydar yr adar. Ymddangosai'r rhos yn llai nag y cofiai hi o'i phlentyndod; eto cofiai am bob pant a ffos o'i blaen.

Tynnodd lun eto i'w anfon at Glyn, gan greu yn ei meddwl y llythyr a adroddai wrtho holl hanes ei thaith i fyny Cwm Hafod. Distawodd cân yr adar yn ddisymwth. Edrychodd i'r awyr gan ddisgwyl gweld hebog neu aderyn ysglyfaethus arall yn hofran uwchben. Nid oedd dim yn tarfu ar lesni clir yr awyr, dim ond edau wen yn olrhain taith awyren bell.

Daeth i lawr o'r gamfa, ac aeth yn ôl at y ffordd. Yno, ar y bont, roedd sbaniel gwyn a brown.

'Ti oedd yna?' gofynnodd iddo. 'Ti sydd wedi dychryn yr adar?' Roedd Gwyneth yn hoff iawn o gŵn, ac er bod y ci yma yn hollol ddieithr, ni theimlai ronyn o'i ofn.

'Wyt ti am ddod i ddeud "Helo"?' gofynnodd yn dawel. 'Tyrd yma i gael mwytha.' Cerddodd at y ci ond symudodd allan o'i chyrraedd. 'Dy hun wyt ti?' gofynnodd eto ac edrychodd sbaniel i fyw ei llygaid.

'Wyddost ti be? Rwyt ti'r un ffunud â Glen, sbaniel oedd gan Nain ers talwm.' Dechreuodd y ci ysgwyd ei gynffon. 'Be? Wyt ti'n deud mai Glen ydy dy enw di?'

Ysgydwodd y ci ei gynffon yn gyflymach a cherddodd ati, gyda symudiad ei gynffon yn rhoi golwg feddw i'w gerddediad.

'Lle wyt ti'n byw? Wyt ti wedi crwydro'n bell? Ynteu wyt ti'n byw yn yr Hafod?' Ysai i fwytho côt sidanaidd y ci, ond cadwai allan o'i chyrraedd. Gan mor debyg oedd y ci yma i Glen, rhaid oedd tynnu llun ohono i'w anfon at Glyn.

Cododd Gwyneth y camera at ei llygaid ac anelodd am y ci. Safai hwnnw'n stond fel pe bai wedi cael ei ddysgu i ddangos ei hun ar ei orau i'r camera. Dywedodd wrtho am eistedd, ac ufuddhaodd.

'Wel rwyt ti'n gariad o gi! Fasa'n ddim gen i fynd â thi adref . . .'

'Ond ellwch chi ddim!' meddai llais dyn o rywle.

Neidiodd Gwyneth. Roedd wedi ymgolli'n llwyr yn y dasg o dynnu lluniau o'r ci. Yna gwelodd fod dyn yn cerdded i lawr o gyfeiriad y gamfa lle bu hi ond ychydig eiliadau ynghynt.

'O, doeddwn i ddim wedi'ch gweld chi . . .'

'Gawsoch chi fraw? Mae'n ddrwg gen i. Doeddwn i ddim yn bwriadu eich dychryn. Gawsoch chi luniau o Glen?'

'Glen?' Rhyfeddodd Gwyneth fod y ci, oedd mor debyg i gi ei nain, yn dwyn yr un enw. Teimlodd rhyw euogrwydd rhyfedd am dynnu lluniau'r ci heb ofyn caniatâd y perchennog, a cheisiodd ymddiheuro.

'Wyddwn i ddim eich bod yn ymyl,' meddai. 'Ac mae'r ci yma mor debyg i Glen oedd gan Nain 'Rhafod . . .'

'Gwen Huws, Yr Hafod?' gofynnodd y dieithryn.

'Ie,' synnodd Gwyneth fod y dyn yn gwybod enw Nain. 'Ar fy ffordd yno ydw i. Dw i isio gweld y lle a thynnu lluniau i anfon at 'mrawd yn Awstralia . . .'

Cyd-gerddodd Gwyneth gyda'r dyn a Glen wrth eu sodlau i fyny'r ffordd droellog am yr Hafod, a chafodd ei hun yn adrodd hanes ei bywyd, ac fel y deuai Glyn a hi at Nain pob gwyliau ysgol ac ar Sadyrnau. Adroddodd eu hanes yn mynd i gapel Bethel, ac yn cael eu dychryn gan dylluan yn Rhyd y Deri . . .

Gwrandawodd y dieithryn arni, a mwyniant yn amlwg yn ei wyneb golygus.

Yn ei thro, cafodd Gwyneth wybod fel y bu i'r Hafod gwympo'n adfail, a cherrig y muriau gael eu defnyddio i adeiladu corlannau, ac fel y prynwyd Rhyd y Deri yn gartref gwyliau gan fasnachwr cefnog o Ganolbarth Lloegr. Yn yr ychydig amser y buont yn cerdded, dysgodd Gwyneth lawer am hanes yr hen furddunod eraill oedd yn y cwm.

Er iddi geisio troi'r sgwrs at y dyn ei hun, methodd â chael dim o'i hanes. Mewn un ffordd, hanner disgwyliai Gwyneth y byddai'n gweld bod gweddillion yr Hafod yn eiddo i'r dieithryn a thŷ newydd wedi ei godi yno.

Os cynigith o baned i mi, meddyliodd, ddyliwn i dderbyn? Fe alla i wneud efo paned, ond tybed ddyliwn i fynd i mewn i dŷ dyn diarth mewn lle mor anghysbell? Eto, teimlai'n hollol gartrefol yng nghwmni'r dyn. Sgwrsiai'r ddau fel pe baent yn hen gyfeillion.

Mae'n debyg, meddyliodd Gwyneth, mai'r ci yma sy'n rhoi rhyw gyswllt rhyfedd . . . Mae mor anhygoel o debyg i Glen . . . Mae'n debyg fod pob sbaniel yr un fath . . .

.   .   .

Edrychodd Gwyneth eto ar y lluniau. Cofiai ddiolch i'r dyn am ei gwmni cyn ffarwelio ag ef wrth waliau'r Hafod. Ni sylwodd i ble'r aeth, ond pan edrychodd yn ôl o ymyl y rhos nid oedd golwg ohono ef na'r ci yn unman.

Pwy andros oedd o? holai ei hun. Roedd yn sgwrsio fel petai'n fy 'nabod yn iawn. Ceisiai gofio pawb oedd â chysylltiadau â'r cwm, ond nid oedd neb yn ffitio. Gwyddai'r dieithryn hanes pawb a gofiai Gwyneth, a gwyddai am Nain a'i chyfoedion hithau. Sgwrsiai'r dyn am y teuluoedd fu'n byw ym mythynnod eraill y cwm, y bythynnod oedd wedi hen ddadfeilio ers i'r teuluoedd fudo i'r America ddwy ganrif yn ôl.

Roedd yn hanesydd, beth bynnag, meddyliodd. Roeddwn yn hapus iawn yn ei gwmni, fel tasan ni'n 'nabod ein gilydd erioed. Mi faswn i'n lecio'i gwarfod o eto. Rhaid i mi ffeindio allan mwy amdano fo. Roedd o'n siarad fel tasa fo'n 'nabod Nain yn iawn – a Taid o ran hynny; ond prin dw i'n cofio Taid. Tybed fydd gan Carol syniad pwy all'sa fo fod? Rhaid i mi gofio gofyn iddi.

Cododd y lluniau fesul un. Gwelodd y rhos a'r coed gwern; gwelodd y bont a'r canllawiau gwynion, gwelodd y ffordd yn troelli dros yr afon cyn diflannu i dywyllwch cysgod y coed. Gwelodd bentan yr Hafod a charreg enfawr wrth ochr y lle tân. Roedd y lluniau i gyd yno . . . ond nid oedd na dyn na chi i'w gweld yn yr un ohonynt.